INDONESIANO
VOCABOLARIO

PER STUDIO AUTODIDATTICO

ITALIANO-
INDONESIANO

Le parole più utili
Per ampliare il proprio lessico e affinare
le proprie abilità linguistiche

5000 parole

Vocabolario Italiano-Indonesiano per studio autodidattico - 5000 parole
Di Andrey Taranov

I vocabolari T&P Books si propongono come strumento di aiuto per apprendere, memorizzare e revisionare l'uso di termini stranieri. Il dizionario si divide in vari argomenti che includono la maggior parte delle attività quotidiane, tra cui affari, scienza, cultura, ecc.

Il processo di apprendimento delle parole attraverso i dizionari divisi in liste tematiche della collana T&P Books offre i seguenti vantaggi:

- Le fonti d'informazione correttamente raggruppate garantiscono un buon risultato nella memorizzazione delle parole
- La possibilità di memorizzare gruppi di parole con la stessa radice (piuttosto che memorizzarle separatamente)
- Piccoli gruppi di parole facilitano il processo di apprendimento per associazione, utile al potenziamento lessicale
- Il livello di conoscenza della lingua può essere valutato attraverso il numero di parole apprese

Copyright © 2018 T&P Books Publishing

Tutti i diritti riservati. Nessuna parte del presente volume può essere riprodotta o trasmessa in qualsiasi forma o con qualsiasi mezzo elettronico, meccanico, fotocopie, registrazioni o riproduzioni senza l'autorizzazione scritta dell'editore.

T&P Books Publishing
www.tpbooks.com

ISBN: 978-1-78616-501-5

Questo libro è disponibile anche in formato e-book.
Visitate il sito www.tpbooks.com o le principali librerie online.

VOCABOLARIO INDONESIANO
per studio autodidattico

I vocabolari T&P Books si propongono come strumento di aiuto per apprendere, memorizzare e revisionare l'uso di termini stranieri. Il vocabolario contiene oltre 5000 parole di uso comune ordinate per argomenti.

- Il vocabolario contiene le parole più comunemente usate
- È consigliato in aggiunta ad un corso di lingua
- Risponde alle esigenze degli studenti di lingue straniere sia essi principianti o di livello avanzato
- Pratico per un uso quotidiano, per gli esercizi di revisione e di autovalutazione
- Consente di valutare la conoscenza del proprio lessico

Caratteristiche specifiche del vocabolario:

- Le parole sono ordinate secondo il proprio significato e non alfabeticamente
- Le parole sono riportate in tre colonne diverse per facilitare il metodo di revisione e autovalutazione
- I gruppi di parole sono divisi in sottogruppi per facilitare il processo di apprendimento
- Il vocabolario offre una pratica e semplice trascrizione fonetica per ogni termine straniero

Il vocabolario contiene 155 argomenti tra cui:

Concetti di Base, Numeri, Colori, Mesi, Stagioni, Unità di Misura, Abbigliamento e Accessori, Cibo e Alimentazione, Ristorante, Membri della Famiglia, Parenti, Personalità, Sentimenti, Emozioni, Malattie, Città, Visita Turistica, Acquisti, Denaro, Casa, Ufficio, Lavoro d'Ufficio, Import-export, Marketing, Ricerca di un Lavoro, Sport, Istruzione, Computer, Internet, Utensili, Natura, Paesi, Nazionalità e altro ancora ...

INDICE

Guida alla pronuncia	9
Abbreviazioni	10

CONCETTI DI BASE	11
Concetti di base. Parte 1	11
1. Pronomi	11
2. Saluti. Convenevoli. Saluti di congedo	11
3. Come rivolgersi	12
4. Numeri cardinali. Parte 1	12
5. Numeri cardinali. Parte 2	13
6. Numeri ordinali	14
7. Numeri. Frazioni	14
8. Numeri. Operazioni aritmetiche di base	14
9. Numeri. Varie	14
10. I verbi più importanti. Parte 1	15
11. I verbi più importanti. Parte 2	16
12. I verbi più importanti. Parte 3	17
13. I verbi più importanti. Parte 4	18
14. Colori	19
15. Domande	19
16. Preposizioni	20
17. Parole grammaticali. Avverbi. Parte 1	20
18. Parole grammaticali. Avverbi. Parte 2	22

Concetti di base. Parte 2	24
19. Giorni della settimana	24
20. Ore. Giorno e notte	24
21. Mesi. Stagioni	25
22. Unità di misura	27
23. Contenitori	28

ESSERE UMANO	29
Essere umano. Il corpo umano	29
24. Testa	29
25. Corpo umano	30

Abbigliamento e Accessori	31
26. Indumenti. Soprabiti	31
27. Men's & women's clothing	31

28. Abbigliamento. Biancheria intima	32
29. Copricapo	32
30. Calzature	32
31. Accessori personali	33
32. Abbigliamento. Varie	33
33. Cura della persona. Cosmetici	34
34. Orologi da polso. Orologio	35

Cibo. Alimentazione   36

35. Cibo	36
36. Bevande	37
37. Verdure	38
38. Frutta. Noci	39
39. Pane. Dolci	40
40. Pietanze cucinate	40
41. Spezie	41
42. Pasti	42
43. Preparazione della tavola	43
44. Ristorante	43

Famiglia, parenti e amici   44

45. Informazioni personali. Moduli	44
46. Membri della famiglia. Parenti	44

Medicinali   46

47. Malattie	46
48. Sintomi. Cure. Parte 1	47
49. Sintomi. Cure. Parte 2	48
50. Sintomi. Cure. Parte 3	49
51. Medici	50
52. Medicinali. Farmaci. Accessori	50

HABITAT UMANO   52
Città   52

53. Città. Vita di città	52
54. Servizi cittadini	53
55. Cartelli	54
56. Mezzi pubblici in città	55
57. Visita turistica	56
58. Acquisti	57
59. Denaro	58
60. Posta. Servizio postale	59

Abitazione. Casa   60

61. Casa. Elettricità	60

62. Villa. Palazzo	60
63. Appartamento	60
64. Arredamento. Interno	61
65. Biancheria da letto	62
66. Cucina	62
67. Bagno	63
68. Elettrodomestici	64

ATTIVITÀ UMANA	65
Lavoro. Affari. Parte 1	65
69. Ufficio. Lavorare in ufficio	65
70. Operazioni d'affari. Parte 1	66
71. Operazioni d'affari. Parte 2	67
72. Attività produttiva. Lavori	68
73. Contratto. Accordo	69
74. Import-export	70
75. Mezzi finanziari	70
76. Marketing	71
77. Pubblicità	72
78. Attività bancaria	72
79. Telefono. Conversazione telefonica	73
80. Telefono cellulare	74
81. Articoli di cancelleria	74
82. Generi di attività commerciali	75

Lavoro. Affari. Parte 2	77
83. Spettacolo. Mostra	77
84. Scienza. Ricerca. Scienziati	78

Professioni e occupazioni	80
85. Ricerca di un lavoro. Licenziamento	80
86. Gente d'affari	80
87. Professioni amministrative	81
88. Professioni militari e gradi	82
89. Funzionari. Sacerdoti	83
90. Professioni agricole	83
91. Professioni artistiche	84
92. Professioni varie	84
93. Attività lavorative. Condizione sociale	86

Istruzione	87
94. Scuola	87
95. Istituto superiore. Università	88
96. Scienze. Discipline	89
97. Sistema di scrittura. Ortografia	89
98. Lingue straniere	90

Ristorante. Intrattenimento. Viaggi	92
99. Escursione. Viaggio	92
100. Hotel	92

ATTREZZATURA TECNICA. MEZZI DI TRASPORTO	94
Attrezzatura tecnica	94
101. Computer	94
102. Internet. Posta elettronica	95
103. Elettricità	96
104. Utensili	96

Mezzi di trasporto	99
105. Aeroplano	99
106. Treno	100
107. Nave	101
108. Aeroporto	102

Situazioni quotidiane	104
109. Vacanze. Evento	104
110. Funerali. Sepoltura	105
111. Guerra. Soldati	105
112. Guerra. Azioni militari. Parte 1	106
113. Guerra. Azioni militari. Parte 2	108
114. Armi	109
115. Gli antichi	111
116. Il Medio Evo	111
117. Leader. Capo. Le autorità	113
118. Infrangere la legge. Criminali. Parte 1	114
119. Infrangere la legge. Criminali. Parte 2	115
120. Polizia. Legge. Parte 1	116
121. Polizia. Legge. Parte 2	117

LA NATURA	119
La Terra. Parte 1	119
122. L'Universo	119
123. La Terra	120
124. Punti cardinali	121
125. Mare. Oceano	121
126. Nomi dei mari e degli oceani	122
127. Montagne	123
128. Nomi delle montagne	124
129. Fiumi	124
130. Nomi dei fiumi	125
131. Foresta	125
132. Risorse naturali	126

La Terra. Parte 2 128
133. Tempo 128
134. Rigide condizioni metereologiche. Disastri naturali 129

Fauna 130

135. Mammiferi. Predatori 130
136. Animali selvatici 130
137. Animali domestici 131
138. Uccelli 132
139. Pesci. Animali marini 134
140. Anfibi. Rettili 134
141. Insetti 135

Flora 136

142. Alberi 136
143. Arbusti 136
144. Frutti. Bacche 137
145. Fiori. Piante 138
146. Cereali, granaglie 139

PAESI. NAZIONALITÀ 140

147. Europa occidentale 140
148. Europa centrale e orientale 140
149. Paesi dell'ex Unione Sovietica 141
150. Asia 141
151. America del Nord 142
152. America centrale e America del Sud 142
153. Africa 142
154. Australia. Oceania 143
155. Città 143

GUIDA ALLA PRONUNCIA

Lettera	Esempio indonesiano	Alfabeto fonetico T&P	Esempio italiano
Aa	zaman	[a]	macchia
Bb	besar	[b]	bianco
Cc	kecil, cepat	[tʃ]	cinque
Dd	dugaan	[d]	doccia
Ee	segera, mencium	[e], [ə]	meno, leggere
Ff	berfungsi	[f]	ferrovia
Gg	juga, lagi	[g]	guerriero
Hh	hanya, bahwa	[h]	[h] aspirate
Ii	izin, sebagai ganti	[i], [j]	vittoria, New York
Jj	setuju, ijin	[dʒ]	argilla
Kk	kemudian, tidak	[k], [ʔ]	cometa, occlusiva glottidale sorda
Ll	dilarang	[l]	saluto
Mm	melihat	[m]	mostra
Nn	berenang	[n], [ŋ]	notte, fango
Oo	toko roti	[o:]	coordinare
Pp	peribahasa	[p]	pieno
Qq	Aquarius	[k]	cometa
Rr	ratu, riang	[r]	[r] trillo (vibrante)
Ss	sendok, syarat	[s], [ʃ]	sapere, ruscello
Tt	tamu, adat	[t]	tattica
Uu	ambulans	[u]	prugno
Vv	renovasi	[v]	volare
Ww	pariwisata	[w]	week-end
Xx	boxer	[ks]	taxi
Yy	banyak, syarat	[j]	New York
Zz	zamrud	[z]	rosa

Combinazioni di lettere

aa	maaf	[aʔa]	a+occlusiva glottidale sorda
kh	khawatir	[h]	[h] aspirate
th	Gereja Lutheran	[t]	tattica
-k	tidak	[ʔ]	occlusiva glottidale sorda

ABBREVIAZIONI
usate nel vocabolario

Italiano. Abbreviazioni

agg	-	aggettivo
anim.	-	animato
avv	-	avverbio
cong	-	congiunzione
ecc.	-	eccetera
f	-	sostantivo femminile
f pl	-	femminile plurale
fem.	-	femminile
form.	-	formale
inanim.	-	inanimato
inform.	-	familiare
m	-	sostantivo maschile
m pl	-	maschile plurale
m, f	-	maschile, femminile
masc.	-	maschile
mil.	-	militare
pl	-	plurale
pron	-	pronome
qc	-	qualcosa
qn	-	qualcuno
sing.	-	singolare
v aus	-	verbo ausiliare
vi	-	verbo intransitivo
vi, vt	-	verbo intransitivo, transitivo
vr	-	verbo riflessivo
vt	-	verbo transitivo

CONCETTI DI BASE

Concetti di base. Parte 1

1. Pronomi

io	saya, aku	[saja], [aku]
tu	engkau, kamu	[eŋkau], [kamu]
egli, ella, esso, essa	beliau, dia, ia	[beliau], [dia], [ia]
noi	kami, kita	[kami], [kita]
voi	kalian	[kalian]
Lei	Anda	[anda]
Voi	Anda sekalian	[anda sekalian]
loro	mereka	[mereka]

2. Saluti. Convenevoli. Saluti di congedo

Salve!	Halo!	[halo!]
Buongiorno!	Halo!	[halo!]
Buongiorno! (la mattina)	Selamat pagi!	[slamat pagi!]
Buon pomeriggio!	Selamat siang!	[slamat siaŋ!]
Buonasera!	Selamat sore!	[slamat sore!]
salutare (vt)	menyapa	[mənjapa]
Ciao! Salve!	Hai!	[hey!]
saluto (m)	sambutan, salam	[sambutan], [salam]
salutare (vt)	menyambut	[mənjambut]
Come sta? Come stai?	Apa kabar?	[apa kabar?]
Che c'è di nuovo?	Apa yang baru?	[apa yaŋ baru?]
Arrivederci!	Selamat tinggal!	[slamat tiŋgal!],
	Selamat jalan!	[slamat dʒ'alan!]
Ciao!	Dadah!	[dadah!]
A presto!	Sampai bertemu lagi!	[sampaj bərtemu lagi!]
Addio! (inform.)	Sampai jumpa!	[sampaj dʒumpa!]
Addio! (form.)	Selamat tinggal!	[slamat tiŋgal!]
congedarsi (vr)	berpamitan	[bərpamitan]
Ciao! (A presto!)	Sampai nanti!	[sampaj nanti!]
Grazie!	Terima kasih!	[tərima kasih!]
Grazie mille!	Terima kasih banyak!	[tərima kasih banjaʔ!]
Prego	Kembali! Sama-sama!	[kembali!], [sama-sama!]
Non c'è di che!	Kembali!	[kembali!]
Di niente	Kembali!	[kembali!]
Scusa! Scusi!	Maaf, ...	[maʔaf, ...]
scusare (vt)	memaafkan	[memaʔafkan]

scusarsi (vr)	meminta maaf	[meminta ma'af]
Chiedo scusa	Maafkan saya	[ma'afkan saja]
Mi perdoni!	Maaf!	[ma'af!]
perdonare (vt)	memaafkan	[mema'afkan]
Non fa niente	Tidak apa-apa!	[tida' apa-apa!]
per favore	tolong	[toloŋ]
Non dimentichi!	Jangan lupa!	[dʒⁱaŋan lupa!]
Certamente!	Tentu!	[tentu!]
Certamente no!	Tentu tidak!	[tentu tida'!]
D'accordo!	Baiklah! Baik!	[bajklah!], [baj'!]
Basta!	Cukuplah!	[ʧukuplah!]

3. Come rivolgersi

Mi scusi!	Maaf, ...	[ma'af, ...]
signore	tuan	[tuan]
signora	nyonya	[nenja]
signorina	nona	[nona]
signore	nak	[na']
ragazzo	nak, bocah	[nak], [boʧah]
ragazza	nak	[na']

4. Numeri cardinali. Parte 1

zero (m)	nol	[nol]
uno	satu	[satu]
due	dua	[dua]
tre	tiga	[tiga]
quattro	empat	[empat]
cinque	lima	[lima]
sei	enam	[enam]
sette	tujuh	[tudʒⁱuh]
otto	delapan	[delapan]
nove	sembilan	[sembilan]
dieci	sepuluh	[sepuluh]
undici	sebelas	[sebelas]
dodici	dua belas	[dua belas]
tredici	tiga belas	[tiga belas]
quattordici	empat belas	[empat belas]
quindici	lima belas	[lima belas]
sedici	enam belas	[enam belas]
diciassette	tujuh belas	[tudʒⁱuh belas]
diciotto	delapan belas	[delapan belas]
diciannove	sembilan belas	[sembilan belas]
venti	dua puluh	[dua puluh]
ventuno	dua puluh satu	[dua puluh satu]
ventidue	dua puluh dua	[dua puluh dua]

ventitre	dua puluh tiga	[dua puluh tiga]
trenta	tiga puluh	[tiga puluh]
trentuno	tiga puluh satu	[tiga puluh satu]
trentadue	tiga puluh dua	[tiga puluh dua]
trentatre	tiga puluh tiga	[tiga puluh tiga]
quaranta	empat puluh	[empat puluh]
quarantuno	empat puluh satu	[empat puluh satu]
quarantadue	empat puluh dua	[empat puluh dua]
quarantatre	empat puluh tiga	[empat puluh tiga]
cinquanta	lima puluh	[lima puluh]
cinquantuno	lima puluh satu	[lima puluh satu]
cinquantadue	lima puluh dua	[lima puluh dua]
cinquantatre	lima puluh tiga	[lima puluh tiga]
sessanta	enam puluh	[enam puluh]
sessantuno	enam puluh satu	[enam puluh satu]
sessantadue	enam puluh dua	[enam puluh dua]
sessantatre	enam puluh tiga	[enam puluh tiga]
settanta	tujuh puluh	[tudʒjuh puluh]
settantuno	tujuh puluh satu	[tudʒjuh puluh satu]
settantadue	tujuh puluh dua	[tudʒjuh puluh dua]
settantatre	tujuh puluh tiga	[tudʒjuh puluh tiga]
ottanta	delapan puluh	[delapan puluh]
ottantuno	delapan puluh satu	[delapan puluh satu]
ottantadue	delapan puluh dua	[delapan puluh dua]
ottantatre	delapan puluh tiga	[delapan puluh tiga]
novanta	sembilan puluh	[sembilan puluh]
novantuno	sembulan puluh satu	[sembulan puluh satu]
novantadue	sembilan puluh dua	[sembilan puluh dua]
novantatre	sembilan puluh tiga	[sembilan puluh tiga]

5. Numeri cardinali. Parte 2

cento	seratus	[seratus]
duecento	dua ratus	[dua ratus]
trecento	tiga ratus	[tiga ratus]
quattrocento	empat ratus	[empat ratus]
cinquecento	lima ratus	[lima ratus]
seicento	enam ratus	[enam ratus]
settecento	tujuh ratus	[tudʒjuh ratus]
ottocento	delapan ratus	[delapan ratus]
novecento	sembilan ratus	[sembilan ratus]
mille	seribu	[seribu]
duemila	dua ribu	[dua ribu]
tremila	tiga ribu	[tiga ribu]
diecimila	sepuluh ribu	[sepuluh ribu]
centomila	seratus ribu	[seratus ribu]

| milione (m) | juta | [dʒʲuta] |
| miliardo (m) | miliar | [miliar] |

6. Numeri ordinali

primo	pertama	[pərtama]
secondo	kedua	[kedua]
terzo	ketiga	[ketiga]
quarto	keempat	[keempat]
quinto	kelima	[kelima]
sesto	keenam	[keenam]
settimo	ketujuh	[ketudʒʲuh]
ottavo	kedelapan	[kedelapan]
nono	kesembilan	[kesembilan]
decimo	kesepuluh	[kesepuluh]

7. Numeri. Frazioni

frazione (f)	pecahan	[petʃahan]
un mezzo	seperdua	[seperdua]
un terzo	sepertiga	[sepertiga]
un quarto	seperempat	[seperempat]
un ottavo	seperdelapan	[seperdelapan]
un decimo	sepersepuluh	[sepersepuluh]
due terzi	dua pertiga	[dua pərtiga]
tre quarti	tiga perempat	[tiga pərempat]

8. Numeri. Operazioni aritmetiche di base

sottrazione (f)	pengurangan	[peŋuraŋan]
sottrarre (vt)	mengurangkan	[məŋuraŋkan]
divisione (f)	pembagian	[pembagian]
dividere (vt)	membagi	[membagi]
addizione (f)	penambahan	[penambahan]
addizionare (vt)	menambahkan	[mənambahkan]
aggiungere (vt)	menambahkan	[mənambahkan]
moltiplicazione (f)	pengalian	[peŋalian]
moltiplicare (vt)	mengalikan	[məŋalikan]

9. Numeri. Varie

cifra (f)	angka	[aŋka]
numero (m)	nomor	[nomor]
numerale (m)	kata bilangan	[kata bilaŋan]
meno (m)	minus	[minus]

più (m)	plus	[plus]
formula (f)	rumus	[rumus]
calcolo (m)	perhitungan	[pərhituŋan]
contare (vt)	menghitung	[məŋhituŋ]
calcolare (vt)	menghitung	[məŋhituŋ]
comparare (vt)	membandingkan	[membandiŋkan]
Quanto? Quanti?	Berapa?	[bərapa?]
somma (f)	jumlah	[dʒʲumlah]
risultato (m)	hasil	[hasil]
resto (m)	sisa, baki	[sisa], [baki]
qualche ...	beberapa	[beberapa]
un po' di ...	sedikit	[sedikit]
resto (m)	selebihnya, sisanya	[selebihnja], [sisanja]
uno e mezzo	satu setengah	[satu seteŋah]
dozzina (f)	lusin	[lusin]
in due	dua bagian	[dua bagian]
in parti uguali	rata	[rata]
metà (f), mezzo (m)	setengah	[seteŋah]
volta (f)	kali	[kali]

10. I verbi più importanti. Parte 1

accorgersi (vr)	memperhatikan	[memperhatikan]
afferrare (vt)	menangkap	[mənaŋkap]
affittare (dare in affitto)	menyewa	[mənjewa]
aiutare (vt)	membantu	[membantu]
amare (qn)	mencintai	[məntʃintaj]
andare (camminare)	berjalan	[bərdʒʲalan]
annotare (vt)	mencatat	[məntʃatat]
appartenere (vi)	kepunyaan ...	[kepunjaʔan ...]
aprire (vt)	membuka	[membuka]
arrivare (vi)	datang	[dataŋ]
aspettare (vt)	menunggu	[mənuŋgu]
avere (vt)	mempunyai	[mempunjaj]
avere fame	lapar	[lapar]
avere fretta	tergesa-gesa	[tərgesa-gesa]
avere paura	takut	[takut]
avere sete	haus	[haus]
avvertire (vt)	memperingatkan	[memperiŋatkan]
cacciare (vt)	berburu	[bərburu]
cadere (vi)	jatuh	[dʒʲatuh]
cambiare (vt)	mengubah	[məŋubah]
capire (vt)	mengerti	[məŋerti]
cenare (vi)	makan malam	[makan malam]
cercare (vt)	mencari ...	[məntʃari ...]
cessare (vt)	menghentikan	[məŋhentikan]

chiedere (~ aiuto)	memanggil	[memaŋgil]
chiedere (domandare)	bertanya	[bərtanja]
cominciare (vt)	memulai, membuka	[memulaj], [membuka]
comparare (vt)	membandingkan	[membandiŋkan]
confondere (vt)	bingung membedakan	[biŋuŋ membedakan]
conoscere (qn)	kenal	[kenal]
conservare (vt)	menyimpan	[mənjimpan]
consigliare (vt)	menasihati	[mənasihati]
contare (calcolare)	menghitung	[məŋhituŋ]
contare su ...	mengharapkan ...	[məŋharapkan ...]
continuare (vt)	meneruskan	[məneruskan]
controllare (vt)	mengontrol	[məŋontrol]
correre (vi)	lari	[lari]
costare (vt)	berharga	[bərharga]
creare (vt)	menciptakan	[məntʃiptakan]
cucinare (vi)	memasak	[memasaʔ]

11. I verbi più importanti. Parte 2

dare (vt)	memberi	[memberi]
dare un suggerimento	memberi petunjuk	[memberi petundʒʲuʔ]
decorare (adornare)	menghiasi	[məŋhiasi]
difendere (~ un paese)	membela	[membela]
dimenticare (vt)	melupakan	[melupakan]
dire (~ la verità)	berkata	[bərkata]
dirigere (compagnia, ecc.)	memimpin	[memimpin]
discutere (vt)	membicarakan	[membitʃarakan]
domandare (vt)	meminta	[meminta]
dubitare (vi)	ragu-ragu	[ragu-ragu]
entrare (vi)	masuk, memasuki	[masuk], [memasuki]
esigere (vt)	menuntut	[mənuntut]
esistere (vi)	ada	[ada]
essere (~ a dieta)	sedang	[sedaŋ]
essere (~ un insegnante)	ialah, adalah	[ialah], [adalah]
essere d'accordo	setuju	[setudʒʲu]
fare (vt)	membuat	[membuat]
fare colazione	sarapan	[sarapan]
fare il bagno	berenang	[bərenaŋ]
fermarsi (vr)	berhenti	[bərhenti]
fidarsi (vr)	mempercayai	[mempertʃajaj]
finire (vt)	mengakhiri	[məŋahiri]
firmare (~ un documento)	menandatangani	[mənandataŋani]
giocare (vi)	bermain	[bərmajn]
girare (~ a destra)	membelok	[membeloʔ]
gridare (vi)	berteriak	[bərteriaʔ]
indovinare (vt)	menerka	[mənerka]
informare (vt)	menginformasikan	[məŋinformasikan]

ingannare (vt)	menipu	[mənipu]
insistere (vi)	mendesak	[məndesaʔ]
insultare (vt)	menghina	[məŋhina]
interessarsi di ...	menaruh minat pada ...	[mənaruh minat pada ...]
invitare (vt)	mengundang	[məŋundaŋ]
lamentarsi (vr)	mengeluh	[məŋeluh]
lasciar cadere	tercecer	[tərtʃetʃer]
lavorare (vi)	bekerja	[bekerdʒʲa]
leggere (vi, vt)	membaca	[membatʃa]
liberare (vt)	membebaskan	[membebaskan]

12. I verbi più importanti. Parte 3

mancare le lezioni	absen	[absen]
mandare (vt)	mengirim	[məŋirim]
menzionare (vt)	menyebut	[mənjebut]
minacciare (vt)	mengancam	[məŋantʃam]
mostrare (vt)	menunjukkan	[mənundʒʲuʔkan]
nascondere (vt)	menyembunyikan	[mənjembunjikan]
nuotare (vi)	berenang	[bərenaŋ]
obiettare (vt)	keberatan	[keberatan]
occorrere (vimp)	dibutuhkan	[dibutuhkan]
ordinare (~ il pranzo)	memesan	[memesan]
ordinare (mil.)	memerintahkan	[memerintahkan]
osservare (vt)	mengamati	[məŋamati]
pagare (vi, vt)	membayar	[membajar]
parlare (vi, vt)	berbicara	[bərbitʃara]
partecipare (vi)	turut serta	[turut serta]
pensare (vi, vt)	berpikir	[bərpikir]
perdonare (vt)	memaafkan	[memaʔafkan]
permettere (vt)	mengizinkan	[məŋizinkan]
piacere (vi)	suka	[suka]
piangere (vi)	menangis	[mənaŋis]
pianificare (vt)	merencanakan	[merentʃanakan]
possedere (vt)	memiliki	[memiliki]
potere (v aus)	bisa	[bisa]
pranzare (vi)	makan siang	[makan siaŋ]
preferire (vt)	lebih suka	[lebih suka]
pregare (vi, vt)	bersembahyang, berdoa	[bərsembahjaŋ], [bərdoa]
prendere (vt)	mengambil	[məŋambil]
prevedere (vt)	menduga	[mənduga]
promettere (vt)	berjanji	[bərdʒʲandʒi]
pronunciare (vt)	melafalkan	[melafalkan]
proporre (vt)	mengusulkan	[məŋusulkan]
punire (vt)	menghukum	[məŋhukum]
raccomandare (vt)	merekomendasi	[merekomendasi]
ridere (vi)	tertawa	[tərtawa]

rifiutarsi (vr)	menolak	[mənolaʔ]
rincrescere (vi)	menyesal	[mənjesal]
ripetere (ridire)	mengulangi	[məŋulaŋi]
riservare (vt)	memesan	[memesan]
rispondere (vi, vt)	menjawab	[məndʒʲawab]
rompere (spaccare)	memecahkan	[memetʃahkan]
rubare (~ i soldi)	mencuri	[məntʃuri]

13. I verbi più importanti. Parte 4

salvare (~ la vita a qn)	menyelamatkan	[mənjelamatkan]
sapere (vt)	tahu	[tahu]
sbagliare (vi)	salah	[salah]
scavare (vt)	menggali	[məŋgali]
scegliere (vt)	memilih	[memilih]
scendere (vi)	turun	[turun]
scherzare (vi)	bergurau	[bərgurau]
scrivere (vt)	menulis	[mənulis]
scusare (vt)	memaafkan	[mema'afkan]
scusarsi (vr)	meminta maaf	[meminta ma'af]
sedersi (vr)	duduk	[duduʔ]
seguire (vt)	mengikuti …	[məŋikuti …]
sgridare (vt)	memarahi, menegur	[memarahi], [menegur]
significare (vt)	berarti	[bərarti]
sorridere (vi)	tersenyum	[tərsenyum]
sottovalutare (vt)	meremehkan	[meremehkan]
sparare (vi)	menembak	[mənembaʔ]
sperare (vi, vt)	berharap	[bərharap]
spiegare (vt)	menjelaskan	[məndʒʲelaskan]
studiare (vt)	mempelajari	[mempeladʒʲari]
stupirsi (vr)	heran	[heran]
tacere (vi)	diam	[diam]
tentare (vt)	mencoba	[məntʃoba]
toccare (~ con le mani)	menyentuh	[mənjentuh]
tradurre (vt)	menerjemahkan	[mənerdʒʲemahkan]
trovare (vt)	menemukan	[mənemukan]
uccidere (vt)	membunuh	[membunuh]
udire (percepire suoni)	mendengar	[məndeŋar]
unire (vt)	menyatukan	[mənjatukan]
uscire (vi)	keluar	[keluar]
vantarsi (vr)	membual	[membual]
vedere (vt)	melihat	[melihat]
vendere (vt)	menjual	[məndʒʲual]
volare (vi)	terbang	[tərbaŋ]
volere (desiderare)	mau, ingin	[mau], [iŋin]

14. Colori

colore (m)	warna	[warna]
sfumatura (f)	nuansa	[nuansa]
tono (m)	warna	[warna]
arcobaleno (m)	pelangi	[pelaŋi]
bianco (agg)	putih	[putih]
nero (agg)	hitam	[hitam]
grigio (agg)	kelabu	[kelabu]
verde (agg)	hijau	[hidʒʲau]
giallo (agg)	kuning	[kuniŋ]
rosso (agg)	merah	[merah]
blu (agg)	biru	[biru]
azzurro (agg)	biru muda	[biru muda]
rosa (agg)	pink	[pinʔ]
arancione (agg)	oranye, jingga	[oranje], [dʒiŋga]
violetto (agg)	violet, ungu muda	[violet], [uŋu muda]
marrone (agg)	cokelat	[tʃokelat]
d'oro (agg)	keemasan	[keemasan]
argenteo (agg)	keperakan	[keperakan]
beige (agg)	abu-abu kecokelatan	[abu-abu ketʃokelatan]
color crema (agg)	krem	[krem]
turchese (agg)	pirus	[pirus]
rosso ciliegia (agg)	merah tua	[merah tua]
lilla (agg)	ungu	[uŋu]
rosso lampone (agg)	merah lembayung	[merah lembajuŋ]
chiaro (agg)	terang	[teraŋ]
scuro (agg)	gelap	[gelap]
vivo, vivido (agg)	terang	[teraŋ]
colorato (agg)	berwarna	[bərwarna]
a colori	warna	[warna]
bianco e nero (agg)	hitam-putih	[hitam-putih]
in tinta unita	polos, satu warna	[polos], [satu warna]
multicolore (agg)	berwarna-warni	[bərwarna-warni]

15. Domande

Chi?	Siapa?	[siapa?]
Che cosa?	Apa?	[apa?]
Dove? (in che luogo?)	Di mana?	[di mana?]
Dove? (~ vai?)	Ke mana?	[ke mana?]
Di dove?, Da dove?	Dari mana?	[dari mana?]
Quando?	Kapan?	[kapan?]
Perché? (per quale scopo?)	Mengapa?	[məŋapa?]
Perché? (per quale ragione?)	Mengapa?	[məŋapa?]
Per che cosa?	Untuk apa?	[untuʔ apa?]

Come?	Bagaimana?	[bagajmana?]
Che? (~ colore è?)	Apa? Yang mana?	[apa?], [yaŋ mana?]
Quale?	Yang mana?	[yaŋ mana?]
A chi?	Kepada siapa?	[kepada siapa?],
	Untuk siapa?	[untu' siapa?]
Di chi?	Tentang siapa?	[tentaŋ siapa?]
Di che cosa?	Tentang apa?	[tentaŋ apa?]
Con chi?	Dengan siapa?	[deŋan siapa?]
Quanti?, Quanto?	Berapa?	[bərapa?]
Di chi?	Milik siapa?	[mili' siapa?]

16. Preposizioni

con (tè ~ il latte)	dengan	[deŋan]
senza	tanpa	[tanpa]
a (andare ~ ...)	ke	[ke]
di (parlare ~ ...)	tentang ...	[tentaŋ ...]
prima di ...	sebelum	[sebelum]
di fronte a ...	di depan ...	[di depan ...]
sotto (avv)	di bawah	[di bawah]
sopra (al di ~)	di atas	[di atas]
su (sul tavolo, ecc.)	di atas	[di atas]
da, di (via da ..., fuori di ...)	dari	[dari]
di (fatto ~ cartone)	dari	[dari]
fra (~ dieci minuti)	dalam	[dalam]
attraverso (dall'altra parte)	melalui	[melalui]

17. Parole grammaticali. Avverbi. Parte 1

Dove?	Di mana?	[di mana?]
qui (in questo luogo)	di sini	[di sini]
lì (in quel luogo)	di sana	[di sana]
da qualche parte (essere ~)	di suatu tempat	[di suatu tempat]
da nessuna parte	tak ada di mana pun	[ta' ada di mana pun]
vicino a ...	dekat	[dekat]
vicino alla finestra	dekat jendela	[dekat dʒʲendela]
Dove?	Ke mana?	[ke mana?]
qui (vieni ~)	ke sini	[ke sini]
ci (~ vado stasera)	ke sana	[ke sana]
da qui	dari sini	[dari sini]
da lì	dari sana	[dari sana]
vicino, accanto (avv)	dekat	[dekat]
lontano (avv)	jauh	[dʒʲauh]
vicino (~ a Parigi)	dekat	[dekat]

vicino (qui ~)	dekat	[dekat]
non lontano	tidak jauh	[tida' dʒʲauh]
sinistro (agg)	kiri	[kiri]
a sinistra (rimanere ~)	di kiri	[di kiri]
a sinistra (girare ~)	ke kiri	[ke kiri]
destro (agg)	kanan	[kanan]
a destra (rimanere ~)	di kanan	[di kanan]
a destra (girare ~)	ke kanan	[ke kanan]
davanti	di depan	[di depan]
anteriore (agg)	depan	[depan]
avanti	ke depan	[ke depan]
dietro (avv)	di belakang	[di belakaŋ]
da dietro	dari belakang	[dari belakaŋ]
indietro	mundur	[mundur]
mezzo (m), centro (m)	tengah	[teŋah]
in mezzo, al centro	di tengah	[di teŋah]
di fianco	di sisi, di samping	[di sisi], [di sampiŋ]
dappertutto	di mana-mana	[di mana-mana]
attorno	di sekitar	[di sekitar]
da dentro	dari dalam	[dari dalam]
da qualche parte (andare ~)	ke suatu tempat	[ke suatu tempat]
dritto (direttamente)	terus	[terus]
indietro	kembali	[kembali]
da qualsiasi parte	dari mana pun	[dari mana pun]
da qualche posto (veniamo ~)	dari suatu tempat	[dari suatu tempat]
in primo luogo	pertama	[pertama]
in secondo luogo	kedua	[kedua]
in terzo luogo	ketiga	[ketiga]
all'improvviso	tiba-tiba	[tiba-tiba]
all'inizio	mula-mula	[mula-mula]
per la prima volta	untuk pertama kalinya	[untu' pərtama kalinja]
molto tempo prima di…	jauh sebelum …	[dʒʲauh sebelum …]
di nuovo	kembali	[kembali]
per sempre	untuk selama-lamanya	[untu' selama-lamanja]
mai	tidak pernah	[tida' pərnah]
ancora	lagi, kembali	[lagi], [kembali]
adesso	sekarang	[sekaraŋ]
spesso (avv)	sering, seringkali	[seriŋ], [seriŋkali]
allora	ketika itu	[ketika itu]
urgentemente	segera	[segera]
di solito	biasanya	[biasanja]
a proposito, …	ngomong-ngomong …	[ŋomoŋ-ŋomoŋ …]
è possibile	mungkin	[muŋkin]

probabilmente	mungkin	[muŋkin]
forse	mungkin	[muŋkin]
inoltre ...	selain itu ...	[selajn itu ...]
ecco perché ...	karena itu ...	[karena itu ...]
nonostante (~ tutto)	meskipun ...	[meskipun ...]
grazie a ...	berkat ...	[berkat ...]
che cosa (pron)	apa	[apa]
che (cong)	bahwa	[bahwa]
qualcosa (qualsiasi cosa)	sesuatu	[sesuatu]
qualcosa (le serve ~?)	sesuatu	[sesuatu]
niente	tidak sesuatu pun	[tidaʔ sesuatu pun]
chi (pron)	siapa	[siapa]
qualcuno (annuire a ~)	seseorang	[seseoraŋ]
qualcuno (dipendere da ~)	seseorang	[seseoraŋ]
nessuno	tidak seorang pun	[tidaʔ seoraŋ pun]
da nessuna parte	tidak ke mana pun	[tidaʔ ke mana pun]
di nessuno	tidak milik siapa pun	[tidaʔ miliʔ siapa pun]
di qualcuno	milik seseorang	[miliʔ seseoraŋ]
così (era ~ arrabbiato)	sangat	[saŋat]
anche (penso ~ a ...)	juga	[dʒiuga]
anche, pure	juga	[dʒiuga]

18. Parole grammaticali. Avverbi. Parte 2

Perché?	Mengapa?	[məŋapa?]
per qualche ragione	entah mengapa	[entah məŋapa]
perché ...	karena ...	[karena ...]
per qualche motivo	untuk tujuan tertentu	[untuʔ tudʒiuan tərtentu]
e (cong)	dan	[dan]
o (sì ~ no?)	atau	[atau]
ma (però)	tetapi, namun	[tetapi], [namun]
per (~ me)	untuk	[untuʔ]
troppo	terlalu	[tərlalu]
solo (avv)	hanya	[hanja]
esattamente	tepat	[tepat]
circa (~ 10 dollari)	sekitar	[sekitar]
approssimativamente	kira-kira	[kira-kira]
approssimativo (agg)	kira-kira	[kira-kira]
quasi	hampir	[hampir]
resto	selebihnya, sisanya	[selebihnja], [sisanja]
l'altro (~ libro)	kedua	[kedua]
altro (differente)	lain	[lain]
ogni (agg)	setiap	[setiap]
qualsiasi (agg)	sebarang	[sebaraŋ]
molti, molto	banyak	[banjaʔ]
molta gente	banyak orang	[banjaʔ oraŋ]

tutto, tutti	semua	[semua]
in cambio di ...	sebagai ganti ...	[sebagaj ganti ...]
in cambio	sebagai gantinya	[sebagaj gantinja]
a mano (fatto ~)	dengan tangan	[deŋan taŋan]
poco probabile	hampir tidak	[hampir tidaʔ]
probabilmente	mungkin	[muŋkin]
apposta	sengaja	[seŋadʒ¡a]
per caso	tidak sengaja	[tidaʾ seŋadʒ¡a]
molto (avv)	sangat	[saŋat]
per esempio	misalnya	[misalnja]
fra (~ due)	antara	[antara]
fra (~ più di due)	di antara	[di antara]
tanto (quantità)	banyak sekali	[banjaʾ sekali]
soprattutto	terutama	[tərutama]

Concetti di base. Parte 2

19. Giorni della settimana

lunedì (m)	Hari Senin	[hari senin]
martedì (m)	Hari Selasa	[hari selasa]
mercoledì (m)	Hari Rabu	[hari rabu]
giovedì (m)	Hari Kamis	[hari kamis]
venerdì (m)	Hari Jumat	[hari dʒ'umat]
sabato (m)	Hari Sabtu	[hari sabtu]
domenica (f)	Hari Minggu	[hari miŋgu]
oggi (avv)	hari ini	[hari ini]
domani	besok	[besoʔ]
dopodomani	besok lusa	[besoʔ lusa]
ieri (avv)	kemarin	[kemarin]
l'altro ieri	kemarin dulu	[kemarin dulu]
giorno (m)	hari	[hari]
giorno (m) lavorativo	hari kerja	[hari kerdʒ'a]
giorno (m) festivo	hari libur	[hari libur]
giorno (m) di riposo	hari libur	[hari libur]
fine (m) settimana	akhir pekan	[ahir pekan]
tutto il giorno	seharian	[seharian]
l'indomani	hari berikutnya	[hari bərikutnja]
due giorni fa	dua hari lalu	[dua hari lalu]
il giorno prima	hari sebelumnya	[hari sebelumnja]
quotidiano (agg)	harian	[harian]
ogni giorno	tiap hari	[tiap hari]
settimana (f)	minggu	[miŋgu]
la settimana scorsa	minggu lalu	[miŋgu lalu]
la settimana prossima	minggu berikutnya	[miŋgu bərikutnja]
settimanale (agg)	mingguan	[miŋguan]
ogni settimana	tiap minggu	[tiap miŋgu]
due volte alla settimana	dua kali seminggu	[dua kali semiŋgu]
ogni martedì	tiap Hari Selasa	[tiap hari selasa]

20. Ore. Giorno e notte

mattina (f)	pagi	[pagi]
di mattina	pada pagi hari	[pada pagi hari]
mezzogiorno (m)	tengah hari	[teŋah hari]
nel pomeriggio	pada sore hari	[pada sore hari]
sera (f)	sore, malam	[sore], [malam]
di sera	waktu sore	[waktu sore]

notte (f)	malam	[malam]
di notte	pada malam hari	[pada malam hari]
mezzanotte (f)	tengah malam	[teŋah malam]
secondo (m)	detik	[deti[?]]
minuto (m)	menit	[menit]
ora (f)	jam	[dʒ^jam]
mezzora (f)	setengah jam	[seteŋah dʒ^jam]
un quarto d'ora	seperempat jam	[seperempat dʒ^jam]
quindici minuti	lima belas menit	[lima belas menit]
ventiquattro ore	siang-malam	[siaŋ-malam]
levata (f) del sole	matahari terbit	[matahari tərbit]
alba (f)	subuh	[subuh]
mattutino (m)	dini pagi	[dini pagi]
tramonto (m)	matahari terbenam	[matahari tərbenam]
di buon mattino	pagi-pagi	[pagi-pagi]
stamattina	pagi ini	[pagi ini]
domattina	besok pagi	[beso' pagi]
oggi pomeriggio	sore ini	[sore ini]
nel pomeriggio	pada sore hari	[pada sore hari]
domani pomeriggio	besok sore	[beso' sore]
stasera	sore ini	[sore ini]
domani sera	besok malam	[beso' malam]
alle tre precise	pukul 3 tepat	[pukul tiga tepat]
verso le quattro	sekitar pukul 4	[sekitar pukul empat]
per le dodici	pada pukul 12	[pada pukul belas]
fra venti minuti	dalam 20 menit	[dalam dua puluh menit]
fra un'ora	dalam satu jam	[dalam satu dʒ^jam]
puntualmente	tepat waktu	[tepat waktu]
un quarto di …	… kurang seperempat	[… kuraŋ seperempat]
entro un'ora	selama sejam	[selama sedʒ^jam]
ogni quindici minuti	tiap 15 menit	[tiap lima belas menit]
giorno e notte	siang-malam	[siaŋ-malam]

21. Mesi. Stagioni

gennaio (m)	Januari	[dʒ^januari]
febbraio (m)	Februari	[februari]
marzo (m)	Maret	[maret]
aprile (m)	April	[april]
maggio (m)	Mei	[mei]
giugno (m)	Juni	[dʒ^juni]
luglio (m)	Juli	[dʒ^juli]
agosto (m)	Augustus	[augustus]
settembre (m)	September	[september]
ottobre (m)	Oktober	[oktober]

novembre (m)	November	[november]
dicembre (m)	Desember	[desember]
primavera (f)	musim semi	[musim semi]
in primavera	pada musim semi	[pada musim semi]
primaverile (agg)	musim semi	[musim semi]
estate (f)	musim panas	[musim panas]
in estate	pada musim panas	[pada musim panas]
estivo (agg)	musim panas	[musim panas]
autunno (m)	musim gugur	[musim gugur]
in autunno	pada musim gugur	[pada musim gugur]
autunnale (agg)	musim gugur	[musim gugur]
inverno (m)	musim dingin	[musim diŋin]
in inverno	pada musim dingin	[pada musim diŋin]
invernale (agg)	musim dingin	[musim diŋin]
mese (m)	bulan	[bulan]
questo mese	bulan ini	[bulan ini]
il mese prossimo	bulan depan	[bulan depan]
il mese scorso	bulan lalu	[bulan lalu]
un mese fa	sebulan lalu	[sebulan lalu]
fra un mese	dalam satu bulan	[dalam satu bulan]
fra due mesi	dalam 2 bulan	[dalam dua bulan]
un mese intero	sepanjang bulan	[sepandʒaŋ bulan]
per tutto il mese	sebulan penuh	[sebulan penuh]
mensile (rivista ~)	bulanan	[bulanan]
mensilmente	tiap bulan	[tiap bulan]
ogni mese	tiap bulan	[tiap bulan]
due volte al mese	dua kali sebulan	[dua kali sebulan]
anno (m)	tahun	[tahun]
quest'anno	tahun ini	[tahun ini]
l'anno prossimo	tahun depan	[tahun depan]
l'anno scorso	tahun lalu	[tahun lalu]
un anno fa	setahun lalu	[setahun lalu]
fra un anno	dalam satu tahun	[dalam satu tahun]
fra due anni	dalam 2 tahun	[dalam dua tahun]
un anno intero	sepanjang tahun	[sepandʒaŋ tahun]
per tutto l'anno	setahun penuh	[setahun penuh]
ogni anno	tiap tahun	[tiap tahun]
annuale (agg)	tahunan	[tahunan]
annualmente	tiap tahun	[tiap tahun]
quattro volte all'anno	empat kali setahun	[empat kali setahun]
data (f) (~ di oggi)	tanggal	[taŋgal]
data (f) (~ di nascita)	tanggal	[taŋgal]
calendario (m)	kalender	[kalender]
mezz'anno (m)	setengah tahun	[seteŋah tahun]
semestre (m)	enam bulan	[enam bulan]

| stagione (f) (estate, ecc.) | musim | [musim] |
| secolo (m) | abad | [abad] |

22. Unità di misura

peso (m)	berat	[berat]
lunghezza (f)	panjang	[pandʒiaŋ]
larghezza (f)	lebar	[lebar]
altezza (f)	ketinggian	[ketiŋgian]
profondità (f)	kedalaman	[kedalaman]
volume (m)	volume, isi	[volume], [isi]
area (f)	luas	[luas]

grammo (m)	gram	[gram]
milligrammo (m)	miligram	[miligram]
chilogrammo (m)	kilogram	[kilogram]
tonnellata (f)	ton	[ton]
libbra (f)	pon	[pon]
oncia (f)	ons	[ons]

metro (m)	meter	[meter]
millimetro (m)	milimeter	[milimeter]
centimetro (m)	sentimeter	[sentimeter]
chilometro (m)	kilometer	[kilometer]
miglio (m)	mil	[mil]

pollice (m)	inci	[intʃi]
piede (f)	kaki	[kaki]
iarda (f)	yard	[yard]

| metro (m) quadro | meter persegi | [meter pərsegi] |
| ettaro (m) | hektar | [hektar] |

litro (m)	liter	[liter]
grado (m)	derajat	[deradʒiat]
volt (m)	volt	[volt]
ampere (m)	ampere	[ampere]
cavallo vapore (m)	tenaga kuda	[tenaga kuda]

quantità (f)	kuantitas	[kuantitas]
un po' di ...	sedikit ...	[sedikit ...]
metà (f)	setengah	[setəŋah]

| dozzina (f) | lusin | [lusin] |
| pezzo (m) | buah | [buah] |

| dimensione (f) | ukuran | [ukuran] |
| scala (f) (modello in ~) | skala | [skala] |

minimo (agg)	minimal	[minimal]
minore (agg)	terkecil	[tərketʃil]
medio (agg)	sedang	[sedaŋ]
massimo (agg)	maksimal	[maksimal]
maggiore (agg)	terbesar	[tərbesar]

23. Contenitori

barattolo (m) di vetro	gelas	[gelas]
latta, lattina (f)	kaleng	[kaleŋ]
secchio (m)	ember	[ember]
barile (m), botte (f)	tong	[toŋ]
catino (m)	baskom	[baskom]
serbatoio (m) (per liquidi)	tangki	[taŋki]
fiaschetta (f)	pelples	[pelples]
tanica (f)	jeriken	[dʒʲeriken]
cisterna (f)	tangki	[taŋki]
tazza (f)	mangkuk	[maŋkuʔ]
tazzina (f) (~ di caffé)	cangkir	[tʃaŋkir]
piattino (m)	alas cangkir	[alas tʃaŋkir]
bicchiere (m) (senza stelo)	gelas	[gelas]
calice (m)	gelas anggur	[gelas aŋgur]
casseruola (f)	panci	[pantʃi]
bottiglia (f)	botol	[botol]
collo (m) (~ della bottiglia)	leher	[leher]
caraffa (f)	karaf	[karaf]
brocca (f)	kendi	[kendi]
recipiente (m)	wadah	[wadah]
vaso (m) di coccio	pot	[pot]
vaso (m) di fiori	vas	[vas]
boccetta (f) (~ di profumo)	botol	[botol]
fiala (f)	botol kecil	[botol ketʃil]
tubetto (m)	tabung	[tabuŋ]
sacco (m) (~ di patate)	karung	[karuŋ]
sacchetto (m) (~ di plastica)	kantong	[kantoŋ]
pacchetto (m) (~ di sigarette, ecc.)	bungkus	[buŋkus]
scatola (f) (~ per scarpe)	kotak, kardus	[kotak], [kardus]
cassa (f) (~ di vino, ecc.)	kotak	[kotaʔ]
cesta (f)	bakul	[bakul]

ESSERE UMANO

Essere umano. Il corpo umano

24. Testa

testa (f)	kepala	[kepala]
viso (m)	wajah	[wadʒʲah]
naso (m)	hidung	[hiduŋ]
bocca (f)	mulut	[mulut]
occhio (m)	mata	[mata]
occhi (m pl)	mata	[mata]
pupilla (f)	pupil, biji mata	[pupil], [bidʒi mata]
sopracciglio (m)	alis	[alis]
ciglio (m)	bulu mata	[bulu mata]
palpebra (f)	kelopak mata	[kelopaʔ mata]
lingua (f)	lidah	[lidah]
dente (m)	gigi	[gigi]
labbra (f pl)	bibir	[bibir]
zigomi (m pl)	tulang pipi	[tulaŋ pipi]
gengiva (f)	gusi	[gusi]
palato (m)	langit-langit mulut	[laŋit-laŋit mulut]
narici (f pl)	lubang hidung	[lubaŋ hiduŋ]
mento (m)	dagu	[dagu]
mascella (f)	rahang	[rahaŋ]
guancia (f)	pipi	[pipi]
fronte (f)	dahi	[dahi]
tempia (f)	pelipis	[pelipis]
orecchio (m)	telinga	[teliŋa]
nuca (f)	tengkuk	[teŋkuʔ]
collo (m)	leher	[leher]
gola (f)	tenggorok	[teŋgoroʔ]
capelli (m pl)	rambut	[rambut]
pettinatura (f)	tatanan rambut	[tatanan rambut]
taglio (m)	potongan rambut	[potoŋan rambut]
parrucca (f)	wig, rambut palsu	[wig], [rambut palsu]
baffi (m pl)	kumis	[kumis]
barba (f)	janggut	[dʒʲaŋgut]
portare (~ la barba, ecc.)	memelihara	[memelihara]
treccia (f)	kepang	[kepaŋ]
basette (f pl)	brewok	[brewoʔ]
rosso (agg)	merah pirang	[merah piraŋ]
brizzolato (agg)	beruban	[beruban]

calvo (agg)	botak, plontos	[botak], [plontos]
calvizie (f)	botak	[botaʔ]
coda (f) di cavallo	ekor kuda	[ekor kuda]
frangetta (f)	poni rambut	[poni rambut]

25. Corpo umano

mano (f)	tangan	[taŋan]
braccio (m)	lengan	[leŋan]
dito (m)	jari	[dʒʲari]
dito (m) del piede	jari	[dʒʲari]
pollice (m)	jempol	[dʒʲempol]
mignolo (m)	jari kelingking	[dʒʲari seliŋkiŋ]
unghia (f)	kuku	[kuku]
pugno (m)	kepalan tangan	[kepalan taŋan]
palmo (m)	telapak	[telapaʔ]
polso (m)	pergelangan	[pergelaŋan]
avambraccio (m)	lengan bawah	[leŋan bawah]
gomito (m)	siku	[siku]
spalla (f)	bahu	[bahu]
gamba (f)	kaki	[kaki]
pianta (f) del piede	telapak kaki	[telapaʔ kaki]
ginocchio (m)	lutut	[lutut]
polpaccio (m)	betis	[betis]
anca (f)	paha	[paha]
tallone (m)	tumit	[tumit]
corpo (m)	tubuh	[tubuh]
pancia (f)	perut	[perut]
petto (m)	dada	[dada]
seno (m)	payudara	[pajudara]
fianco (m)	rusuk	[rusuʔ]
schiena (f)	punggung	[puŋguŋ]
zona (f) lombare	pinggang bawah	[piŋgaŋ bawah]
vita (f)	pinggang	[piŋgaŋ]
ombelico (m)	pusar	[pusar]
natiche (f pl)	pantat	[pantat]
sedere (m)	pantat	[pantat]
neo (m)	tanda lahir	[tanda lahir]
voglia (f) (~ di fragola)	tanda lahir	[tanda lahir]
tatuaggio (m)	tato	[tato]
cicatrice (f)	parut luka	[parut luka]

Abbigliamento e Accessori

26. Indumenti. Soprabiti

vestiti (m pl)	pakaian	[pakajan]
soprabito (m)	pakaian luar	[pakajan luar]
abiti (m pl) invernali	pakaian musim dingin	[pakajan musim diŋin]

cappotto (m)	mantel	[mantel]
pelliccia (f)	mantel bulu	[mantel bulu]
pellicciotto (m)	jaket bulu	[dʒʲaket bulu]
piumino (m)	jaket bulu halus	[dʒʲaket bulu halus]

giubbotto (m), giaccha (f)	jaket	[dʒʲaket]
impermeabile (m)	jas hujan	[dʒʲas hudʒʲan]
impermeabile (agg)	kedap air	[kedap air]

27. Men's & women's clothing

camicia (f)	kemeja	[kemedʒʲa]
pantaloni (m pl)	celana	[tʃelana]
jeans (m pl)	celana jins	[tʃelana dʒins]
giacca (f) (~ di tweed)	jas	[dʒʲas]
abito (m) da uomo	setelan	[setelan]

abito (m)	gaun	[gaun]
gonna (f)	rok	[roʔ]
camicetta (f)	blus	[blus]
giacca (f) a maglia	jaket wol	[dʒʲaket wol]
giacca (f) tailleur	jaket	[dʒʲaket]

maglietta (f)	baju kaus	[badʒʲu kaus]
pantaloni (m pl) corti	celana pendek	[tʃelana pendeʔ]
tuta (f) sportiva	pakaian olahraga	[pakajan olahraga]
accappatoio (m)	jubah mandi	[dʒʲubah mandi]
pigiama (m)	piyama	[piyama]

maglione (m)	sweter	[sweter]
pullover (m)	pulover	[pulover]

gilè (m)	rompi	[rompi]
frac (m)	jas berbuntut	[dʒʲas bərbuntut]
smoking (m)	jas malam	[dʒʲas malam]

uniforme (f)	seragam	[seragam]
tuta (f) da lavoro	pakaian kerja	[pakajan kerdʒʲa]
salopette (f)	baju monyet	[badʒʲu monjet]
camice (m) (~ del dottore)	jas	[dʒʲas]

28. Abbigliamento. Biancheria intima

biancheria (f) intima	pakaian dalam	[pakajan dalam]
boxer (m pl)	celana dalam lelaki	[tʃelana dalam lelaki]
mutandina (f)	celana dalam wanita	[tʃelana dalam wanita]
maglietta (f) intima	singlet	[siŋlet]
calzini (m pl)	kaus kaki	[kaus kaki]
camicia (f) da notte	baju tidur	[badʒʲu tidur]
reggiseno (m)	beha	[beha]
calzini (m pl) alti	kaus kaki selutut	[kaus kaki selutut]
collant (m)	pantihos	[pantihos]
calze (f pl)	kaus kaki panjang	[kaus kaki pandʒʲaŋ]
costume (m) da bagno	baju renang	[badʒʲu renaŋ]

29. Copricapo

cappello (m)	topi	[topi]
cappello (m) di feltro	topi bulat	[topi bulat]
cappello (m) da baseball	topi bisbol	[topi bisbol]
coppola (f)	topi pet	[topi pet]
basco (m)	baret	[baret]
cappuccio (m)	kerudung kepala	[keruduŋ kepala]
panama (m)	topi panama	[topi panama]
berretto (m) a maglia	topi rajut	[topi radʒʲut]
fazzoletto (m) da capo	tudung kepala	[tuduŋ kepala]
cappellino (m) donna	topi wanita	[topi wanita]
casco (m) (~ di sicurezza)	topi baja	[topi badʒʲa]
bustina (f)	topi lipat	[topi lipat]
casco (m) (~ moto)	helm	[helm]
bombetta (f)	topi bulat	[topi bulat]
cilindro (m)	topi tinggi	[topi tiŋgi]

30. Calzature

calzature (f pl)	sepatu	[sepatu]
stivaletti (m pl)	sepatu bot	[sepatu bot]
scarpe (f pl)	sepatu wanita	[sepatu wanita]
stivali (m pl)	sepatu lars	[sepatu lars]
pantofole (f pl)	pantofel	[pantofel]
scarpe (f pl) da tennis	sepatu tenis	[sepatu tenis]
scarpe (f pl) da ginnastica	sepatu kets	[sepatu kets]
sandali (m pl)	sandal	[sandal]
calzolaio (m)	tukang sepatu	[tukaŋ sepatu]
tacco (m)	tumit	[tumit]

paio (m)	sepasang	[sepasaŋ]
laccio (m)	tali sepatu	[tali sepatu]
allacciare (vt)	mengikat tali	[məŋikat tali]
calzascarpe (m)	sendok sepatu	[sendo' sepatu]
lucido (m) per le scarpe	semir sepatu	[semir sepatu]

31. Accessori personali

guanti (m pl)	sarung tangan	[saruŋ taŋan]
manopole (f pl)	sarung tangan	[saruŋ taŋan]
sciarpa (f)	selendang	[selendaŋ]
occhiali (m pl)	kacamata	[katʃamata]
montatura (f)	bingkai	[biŋkaj]
ombrello (m)	payung	[pajuŋ]
bastone (m)	tongkat jalan	[toŋkat dʒʲalan]
spazzola (f) per capelli	sikat rambut	[sikat rambut]
ventaglio (m)	kipas	[kipas]
cravatta (f)	dasi	[dasi]
cravatta (f) a farfalla	dasi kupu-kupu	[dasi kupu-kupu]
bretelle (f pl)	bretel	[bretel]
fazzoletto (m)	sapu tangan	[sapu taŋan]
pettine (m)	sisir	[sisir]
fermaglio (m)	jepit rambut	[dʒʲepit rambut]
forcina (f)	harnal	[harnal]
fibbia (f)	gesper	[gesper]
cintura (f)	sabuk	[sabu']
spallina (f)	tali tas	[tali tas]
borsa (f)	tas	[tas]
borsetta (f)	tas tangan	[tas taŋan]
zaino (m)	ransel	[ransel]

32. Abbigliamento. Varie

moda (f)	mode	[mode]
di moda	modis	[modis]
stilista (m)	perancang busana	[perantʃaŋ busana]
collo (m)	kerah	[kerah]
tasca (f)	saku	[saku]
tascabile (agg)	saku	[saku]
manica (f)	lengan	[leŋan]
asola (f) per appendere	tali kait	[tali kait]
patta (f) (~ dei pantaloni)	golbi	[golbi]
cerniera (f) lampo	ritsleting	[ritsletiŋ]
chiusura (f)	kancing	[kantʃiŋ]
bottone (m)	kancing	[kantʃiŋ]

occhiello (m)	lubang kancing	[lubaŋ kantʃiŋ]
staccarsi (un bottone)	terlepas	[tərlepas]
cucire (vi, vt)	menjahit	[məndʒˈahit]
ricamare (vi, vt)	membordir	[membordir]
ricamo (m)	bordiran	[bordiran]
ago (m)	jarum	[dʒˈarum]
filo (m)	benang	[benaŋ]
cucitura (f)	setik	[setiʔ]
sporcarsi (vr)	kena kotor	[kena kotor]
macchia (f)	bercak	[bertʃaʔ]
sgualcirsi (vr)	kumal	[kumal]
strappare (vt)	merobek	[merobeʔ]
tarma (f)	ngengat	[ŋeŋat]

33. Cura della persona. Cosmetici

dentifricio (m)	pasta gigi	[pasta gigi]
spazzolino (m) da denti	sikat gigi	[sikat gigi]
lavarsi i denti	menggosok gigi	[meŋgosoʔ gigi]
rasoio (m)	pisau cukur	[pisau tʃukur]
crema (f) da barba	krim cukur	[krim tʃukur]
rasarsi (vr)	bercukur	[bərtʃukur]
sapone (m)	sabun	[sabun]
shampoo (m)	sampo	[sampo]
forbici (f pl)	gunting	[guntiŋ]
limetta (f)	kikir kuku	[kikir kuku]
tagliaunghie (m)	pemotong kuku	[pemotoŋ kuku]
pinzette (f pl)	pinset	[pinset]
cosmetica (f)	kosmetik	[kosmetiʔ]
maschera (f) di bellezza	masker	[masker]
manicure (m)	manikur	[manikur]
fare la manicure	melakukan manikur	[melakukan manikur]
pedicure (m)	pedi	[pedi]
borsa (f) del trucco	tas kosmetik	[tas kosmetiʔ]
cipria (f)	bedak	[bedaʔ]
portacipria (m)	kotak bedak	[kotaʔ bedaʔ]
fard (m)	perona pipi	[pərona pipi]
profumo (m)	parfum	[parfum]
acqua (f) da toeletta	minyak wangi	[minjaʔ waŋi]
lozione (f)	losion	[losjon]
acqua (f) di Colonia	kolonye	[kolone]
ombretto (m)	pewarna mata	[pewarna mata]
eyeliner (m)	pensil alis	[pensil alis]
mascara (m)	celak	[tʃelaʔ]
rossetto (m)	lipstik	[lipstiʔ]

smalto (m)	kuteks, cat kuku	[kuteks], [tʃat kuku]
lacca (f) per capelli	semprotan rambut	[semprotan rambut]
deodorante (m)	deodoran	[deodoran]
crema (f)	krim	[krim]
crema (f) per il viso	krim wajah	[krim wadʒˈah]
crema (f) per le mani	krim tangan	[krim taŋan]
crema (f) antirughe	krim antikerut	[krim antikerut]
crema (f) da giorno	krim siang	[krim siaŋ]
crema (f) da notte	krim malam	[krim malam]
da giorno	siang	[siaŋ]
da notte	malam	[malam]
tampone (m)	tampon	[tampon]
carta (f) igienica	kertas toilet	[kertas toylet]
fon (m)	pengering rambut	[peŋeriŋ rambut]

34. Orologi da polso. Orologio

orologio (m) (~ da polso)	arloji	[arlodʒi]
quadrante (m)	piringan jam	[piriŋan dʒˈam]
lancetta (f)	jarum	[dʒˈarum]
braccialetto (m)	rantai arloji	[rantaj arlodʒi]
cinturino (m)	tali arloji	[tali arlodʒi]
pila (f)	baterai	[bateraj]
essere scarico	mati	[mati]
cambiare la pila	mengganti baterai	[meŋganti bateraj]
andare avanti	cepat	[tʃepat]
andare indietro	terlambat	[tərlambat]
orologio (m) da muro	jam dinding	[dʒˈam dindiŋ]
clessidra (f)	jam pasir	[dʒˈam pasir]
orologio (m) solare	jam matahari	[dʒˈam matahari]
sveglia (f)	weker	[weker]
orologiaio (m)	tukang jam	[tukaŋ dʒˈam]
riparare (vt)	mereparasi, memperbaiki	[mereparasi], [memperbajki]

Cibo. Alimentazione

35. Cibo

carne (f)	daging	[dagiŋ]
pollo (m)	ayam	[ajam]
pollo (m) novello	anak ayam	[ana' ajam]
anatra (f)	bebek	[bebe']
oca (f)	angsa	[aŋsa]
cacciagione (f)	binatang buruan	[binataŋ buruan]
tacchino (m)	kalkun	[kalkun]
maiale (m)	daging babi	[dagiŋ babi]
vitello (m)	daging anak sapi	[dagiŋ ana' sapi]
agnello (m)	daging domba	[dagiŋ domba]
manzo (m)	daging sapi	[dagiŋ sapi]
coniglio (m)	kelinci	[kelintʃi]
salame (m)	sosis	[sosis]
w?rstel (m)	sosis	[sosis]
pancetta (f)	bakon	[beykon]
prosciutto (m)	ham, daging kornet	[ham], [dagiŋ kornet]
prosciutto (m) affumicato	ham	[ham]
pâté (m)	pasta	[pasta]
fegato (m)	hati	[hati]
carne (f) trita	daging giling	[dagiŋ giliŋ]
lingua (f)	lidah	[lidah]
uovo (m)	telur	[telur]
uova (f pl)	telur	[telur]
albume (m)	putih telur	[putih telur]
tuorlo (m)	kuning telur	[kuniŋ telur]
pesce (m)	ikan	[ikan]
frutti (m pl) di mare	makanan laut	[makanan laut]
crostacei (m pl)	krustasea	[krustasea]
caviale (m)	caviar	[kaviar]
granchio (m)	kepiting	[kepitiŋ]
gamberetto (m)	udang	[udaŋ]
ostrica (f)	tiram	[tiram]
aragosta (f)	lobster berduri	[lobster bərduri]
polpo (m)	gurita	[gurita]
calamaro (m)	cumi-cumi	[ʧumi-ʧumi]
storione (m)	ikan sturgeon	[ikan sturdʒien]
salmone (m)	salmon	[salmon]
ippoglosso (m)	ikan turbot	[ikan turbot]
merluzzo (m)	ikan kod	[ikan kod]

scombro (m)	ikan kembung	[ikan kembuŋ]
tonno (m)	tuna	[tuna]
anguilla (f)	belut	[belut]
trota (f)	ikan forel	[ikan forel]
sardina (f)	sarden	[sarden]
luccio (m)	ikan pike	[ikan paik]
aringa (f)	ikan haring	[ikan hariŋ]
pane (m)	roti	[roti]
formaggio (m)	keju	[kedʒʲu]
zucchero (m)	gula	[gula]
sale (m)	garam	[garam]
riso (m)	beras, nasi	[beras], [nasi]
pasta (f)	makaroni	[makaroni]
tagliatelle (f pl)	mi	[mi]
burro (m)	mentega	[məntega]
olio (m) vegetale	minyak nabati	[minjaʔ nabati]
olio (m) di girasole	minyak bunga matahari	[minjaʔ buŋa matahari]
margarina (f)	margarin	[margarin]
olive (f pl)	buah zaitun	[buah zajtun]
olio (m) d'oliva	minyak zaitun	[minjaʔ zajtun]
latte (m)	susu	[susu]
latte (m) condensato	susu kental	[susu kental]
yogurt (m)	yogurt	[yogurt]
panna (f) acida	krim asam	[krim asam]
panna (f)	krim, kepala susu	[krim], [kepala susu]
maionese (m)	mayones	[majones]
crema (f)	krim	[krim]
cereali (m pl)	menir	[menir]
farina (f)	tepung	[tepuŋ]
cibi (m pl) in scatola	makanan kalengan	[makanan kaleŋan]
fiocchi (m pl) di mais	emping jagung	[empiŋ dʒʲagun]
miele (m)	madu	[madu]
marmellata (f)	selai	[selaj]
gomma (f) da masticare	permen karet	[pərmen karet]

36. Bevande

acqua (f)	air	[air]
acqua (f) potabile	air minum	[air minum]
acqua (f) minerale	air mineral	[air mineral]
liscia (non gassata)	tanpa gas	[tanpa gas]
gassata (agg)	berkarbonasi	[bərkarbonasi]
frizzante (agg)	bergas	[bərgas]
ghiaccio (m)	es	[es]

con ghiaccio | dengan es | [deŋan es]
analcolico (agg) | tanpa alkohol | [tanpa alkohol]
bevanda (f) analcolica | minuman ringan | [minuman riŋan]
bibita (f) | minuman penygar | [minuman penigar]
limonata (f) | limun | [limun]

bevande (f pl) alcoliche | minoman beralkohol | [minoman beralkohol]
vino (m) | anggur | [aŋgur]
vino (m) bianco | anggur putih | [aŋgur putih]
vino (m) rosso | anggur merah | [aŋgur merah]

liquore (m) | likeur | [likeur]
champagne (m) | sampanye | [sampanje]
vermouth (m) | vermouth | [vermut]

whisky | wiski | [wiski]
vodka (f) | vodka | [vodka]
gin (m) | jin, jenewer | [dʒin], [dʒʲenewer]
cognac (m) | konyak | [konjaʔ]
rum (m) | rum | [rum]

caffè (m) | kopi | [kopi]
caffè (m) nero | kopi pahit | [kopi pahit]
caffè latte (m) | kopi susu | [kopi susu]
cappuccino (m) | cappuccino | [kaputʃino]
caffè (m) solubile | kopi instan | [kopi instan]

latte (m) | susu | [susu]
cocktail (m) | koktail | [koktajl]
frullato (m) | susu kocok | [susu kotʃoʔ]

succo (m) | jus | [dʒʲus]
succo (m) di pomodoro | jus tomat | [dʒʲus tomat]
succo (m) d'arancia | jus jeruk | [dʒʲus dʒʲeruʔ]
spremuta (f) | jus peras | [dʒʲus peras]

birra (f) | bir | [bir]
birra (f) chiara | bir putih | [bir putih]
birra (f) scura | bir hitam | [bir hitam]

tè (m) | teh | [teh]
tè (m) nero | teh hitam | [teh hitam]
tè (m) verde | teh hijau | [teh hidʒʲau]

37. Verdure

ortaggi (m pl) | sayuran | [sajuran]
verdura (f) | sayuran hijau | [sajuran hidʒʲau]

pomodoro (m) | tomat | [tomat]
cetriolo (m) | mentimun, ketimun | [mentimun], [ketimun]
carota (f) | wortel | [wortel]
patata (f) | kentang | [kentaŋ]
cipolla (f) | bawang | [bawaŋ]

aglio (m)	bawang putih	[bawaŋ putih]
cavolo (m)	kol	[kol]
cavolfiore (m)	kembang kol	[kembaŋ kol]
cavoletti (m pl) di Bruxelles	kol Brussels	[kol brusels]
broccolo (m)	brokoli	[brokoli]
barbabietola (f)	ubi bit merah	[ubi bit merah]
melanzana (f)	terung, terong	[teruŋ], [teroŋ]
zucchina (f)	labu siam	[labu siam]
zucca (f)	labu	[labu]
rapa (f)	turnip	[turnip]
prezzemolo (m)	peterseli	[peterseli]
aneto (m)	adas sowa	[adas sowa]
lattuga (f)	selada	[selada]
sedano (m)	seledri	[seledri]
asparago (m)	asparagus	[asparagus]
spinaci (m pl)	bayam	[bajam]
pisello (m)	kacang polong	[katʃaŋ poloŋ]
fave (f pl)	kacang-kacangan	[katʃaŋ-katʃaŋan]
mais (m)	jagung	[dʒʲaguŋ]
fagiolo (m)	kacang buncis	[katʃaŋ buntʃis]
peperone (m)	cabai	[tʃabaj]
ravanello (m)	radis	[radis]
carciofo (m)	artisyok	[artiʃoʔ]

38. Frutta. Noci

frutto (m)	buah	[buah]
mela (f)	apel	[apel]
pera (f)	pir	[pir]
limone (m)	jeruk sitrun	[dʒʲeruʔ sitrun]
arancia (f)	jeruk manis	[dʒʲeruʔ manis]
fragola (f)	stroberi	[stroberi]
mandarino (m)	jeruk mandarin	[dʒʲeruʔ mandarin]
prugna (f)	plum	[plum]
pesca (f)	persik	[persiʔ]
albicocca (f)	aprikot	[aprikot]
lampone (m)	buah frambus	[buah frambus]
ananas (m)	nanas	[nanas]
banana (f)	pisang	[pisaŋ]
anguria (f)	semangka	[semaŋka]
uva (f)	buah anggur	[buah aŋgur]
amarena (f)	buah ceri asam	[buah tʃeri asam]
ciliegia (f)	buah ceri manis	[buah tʃeri manis]
melone (m)	melon	[melon]
pompelmo (m)	jeruk Bali	[dʒʲeruʔ bali]
avocado (m)	avokad	[avokad]
papaia (f)	pepaya	[pepaja]

mango (m)	mangga	[maŋga]
melagrana (f)	buah delima	[buah delima]
ribes (m) rosso	redcurrant	[redkaren]
ribes (m) nero	blackcurrant	[bleʔkaren]
uva (f) spina	buah arbei hijau	[buah arbei hiʤiau]
mirtillo (m)	buah bilberi	[buah bilberi]
mora (f)	beri hitam	[beri hitam]
uvetta (f)	kismis	[kismis]
fico (m)	buah ara	[buah ara]
dattero (m)	buah kurma	[buah kurma]
arachide (f)	kacang tanah	[katʃaŋ tanah]
mandorla (f)	badam	[badam]
noce (f)	buah walnut	[buah walnut]
nocciola (f)	kacang hazel	[katʃaŋ hazol]
noce (f) di cocco	buah kelapa	[buah kelapa]
pistacchi (m pl)	badam hijau	[badam hiʤiau]

39. Pane. Dolci

pasticceria (f)	kue-mue	[kue-mue]
pane (m)	roti	[roti]
biscotti (m pl)	biskuit	[biskuit]
cioccolato (m)	cokelat	[tʃokelat]
al cioccolato (agg)	cokelat	[tʃokelat]
caramella (f)	permen	[pərmen]
tortina (f)	kue	[kue]
torta (f)	kue tar	[kue tar]
crostata (f)	pai	[pai]
ripieno (m)	inti	[inti]
marmellata (f)	selai buah utuh	[selaj buah utuh]
marmellata (f) di agrumi	marmelade	[marmelade]
wafer (m)	wafel	[wafel]
gelato (m)	es krim	[es krim]
budino (m)	puding	[pudiŋ]

40. Pietanze cucinate

piatto (m) (~ principale)	masakan, hidangan	[masakan], [hidaŋan]
cucina (f)	masakan	[masakan]
ricetta (f)	resep	[resep]
porzione (f)	porsi	[porsi]
insalata (f)	salada	[salada]
minestra (f)	sup	[sup]
brodo (m)	kaldu	[kaldu]
panino (m)	roti lapis	[roti lapis]

uova (f pl) al tegamino	telur mata sapi	[telur mata sapi]
hamburger (m)	hamburger	[hamburger]
bistecca (f)	bistik	[bisti']
contorno (m)	lauk	[lau']
spaghetti (m pl)	spageti	[spageti]
purè (m) di patate	kentang tumbuk	[kentaŋ tumbu']
pizza (f)	piza	[piza]
porridge (m)	bubur	[bubur]
frittata (f)	telur dadar	[telur dadar]
bollito (agg)	rebus	[rebus]
affumicato (agg)	asap	[asap]
fritto (agg)	goreng	[goreŋ]
secco (agg)	kering	[keriŋ]
congelato (agg)	beku	[beku]
sottoaceto (agg)	marinade	[marinade]
dolce (gusto)	manis	[manis]
salato (agg)	asin	[asin]
freddo (agg)	dingin	[diŋin]
caldo (agg)	panas	[panas]
amaro (agg)	pahit	[pahit]
buono, gustoso (agg)	enak	[ena']
cuocere, preparare (vt)	merebus	[merebus]
cucinare (vi)	memasak	[memasa']
friggere (vt)	menggoreng	[məŋgoreŋ]
riscaldare (vt)	memanaskan	[memanaskan]
salare (vt)	menggarami	[məŋgarami]
pepare (vt)	membubuh merica	[membubuh meritʃa]
grattugiare (vt)	memarut	[memarut]
buccia (f)	kulit	[kulit]
sbucciare (vt)	mengupas	[məŋupas]

41. Spezie

sale (m)	garam	[garam]
salato (agg)	asin	[asin]
salare (vt)	menggarami	[məŋgarami]
pepe (m) nero	merica	[meritʃa]
peperoncino (m)	cabai merah	[tʃabaj merah]
senape (f)	mustar	[mustar]
cren (m)	lobak pedas	[loba' pedas]
condimento (m)	bumbu	[bumbu]
spezie (f pl)	rempah-rempah	[rempah-rempah]
salsa (f)	saus	[saus]
aceto (m)	cuka	[tʃuka]
anice (m)	adas manis	[adas manis]
basilico (m)	selasih	[selasih]

chiodi (m pl) di garofano	cengkih	[tʃeŋkih]
zenzero (m)	jahe	[dʒʲahe]
coriandolo (m)	ketumbar	[ketumbar]
cannella (f)	kayu manis	[kaju manis]
sesamo (m)	wijen	[widʒʲen]
alloro (m)	daun salam	[daun salam]
paprica (f)	cabai	[tʃabaj]
cumino (m)	jintan	[dʒintan]
zafferano (m)	kuma-kuma	[kuma-kuma]

42. Pasti

cibo (m)	makanan	[makanan]
mangiare (vi, vt)	makan	[makan]
colazione (f)	makan pagi, sarapan	[makan pagi], [sarapan]
fare colazione	sarapan	[sarapan]
pranzo (m)	makan siang	[makan siaŋ]
pranzare (vi)	makan siang	[makan siaŋ]
cena (f)	makan malam	[makan malam]
cenare (vi)	makan malam	[makan malam]
appetito (m)	nafsu makan	[nafsu makan]
Buon appetito!	Selamat makan!	[selamat makan!]
aprire (vt)	membuka	[membuka]
rovesciare (~ il vino, ecc.)	menumpahkan	[mənumpahkan]
bollire (vi)	mendidih	[məndidih]
far bollire	mendidihkan	[məndidihkan]
bollito (agg)	masak	[masaʔ]
raffreddare (vt)	mendinginkan	[məndiŋinkan]
raffreddarsi (vr)	mendingin	[məndiŋin]
gusto (m)	rasa	[rasa]
retrogusto (m)	nuansa rasa	[nuansa rasa]
essere a dieta	berdiet	[berdiet]
dieta (f)	diet, pola makan	[diet], [pola makan]
vitamina (f)	vitamin	[vitamin]
caloria (f)	kalori	[kalori]
vegetariano (m)	vegetarian	[vegetarian]
vegetariano (agg)	vegetarian	[vegetarian]
grassi (m pl)	lemak	[lemaʔ]
proteine (f pl)	protein	[protein]
carboidrati (m pl)	karbohidrat	[karbohidrat]
fetta (f), fettina (f)	irisan	[irisan]
pezzo (m) (~ di torta)	potongan	[potoŋan]
briciola (f) (~ di pane)	remah	[remah]

43. Preparazione della tavola

cucchiaio (m)	sendok	[sendo']
coltello (m)	pisau	[pisau]
forchetta (f)	garpu	[garpu]
tazza (f)	cangkir	[tʃaŋkir]
piatto (m)	piring	[piriŋ]
piattino (m)	alas cangkir	[alas tʃaŋkir]
tovagliolo (m)	serbet	[serbet]
stuzzicadenti (m)	tusuk gigi	[tusu' gigi]

44. Ristorante

ristorante (m)	restoran	[restoran]
caffè (m)	warung kopi	[waruŋ kopi]
pub (m), bar (m)	bar	[bar]
sala (f) da tè	warung teh	[waruŋ teh]
cameriere (m)	pelayan lelaki	[pelajan lelaki]
cameriera (f)	pelayan perempuan	[pelajan pərempuan]
barista (m)	pelayan bar	[pelajan bar]
menù (m)	menu	[menu]
lista (f) dei vini	daftar anggur	[daftar aŋgur]
prenotare un tavolo	memesan meja	[memesan medʒ'a]
piatto (m)	masakan, hidangan	[masakan], [hidaŋan]
ordinare (~ il pranzo)	memesan	[memesan]
fare un'ordinazione	memesan	[memesan]
aperitivo (m)	aperitif	[aperitif]
antipasto (m)	makanan ringan	[makanan riŋan]
dolce (m)	hidangan penutup	[hidaŋan penutup]
conto (m)	bon	[bon]
pagare il conto	membayar bon	[membajar bon]
dare il resto	memberikan uang kembalian	[memberikan uaŋ kembalian]
mancia (f)	tip	[tip]

Famiglia, parenti e amici

45. Informazioni personali. Moduli

nome (m)	nama, nama depan	[nama], [nama depan]
cognome (m)	nama keluarga	[nama keluarga]
data (f) di nascita	tanggal lahir	[taŋgal lahir]
luogo (m) di nascita	tempat lahir	[tempat lahir]
nazionalità (f)	kebangsaan	[kebaŋsa'an]
domicilio (m)	tempat tinggal	[tempat tiŋgal]
paese (m)	negara, negeri	[negara], [negeri]
professione (f)	profesi	[profesi]
sesso (m)	jenis kelamin	[dʒenis kelamin]
statura (f)	tinggi badan	[tiŋgi badan]
peso (m)	berat	[berat]

46. Membri della famiglia. Parenti

madre (f)	ibu	[ibu]
padre (m)	ayah	[ajah]
figlio (m)	anak lelaki	[ana' lelaki]
figlia (f)	anak perempuan	[ana' perempuan]
figlia (f) minore	anak perempuan bungsu	[ana' perempuan buŋsu]
figlio (m) minore	anak lelaki bungsu	[ana' lelaki buŋsu]
figlia (f) maggiore	anak perempuan sulung	[ana' perempuan suluŋ]
figlio (m) maggiore	anak lelaki sulung	[ana' lelaki suluŋ]
fratello (m)	saudara lelaki	[saudara lelaki]
fratello (m) maggiore	kakak lelaki	[kaka' lelaki]
fratello (m) minore	adik lelaki	[adi' lelaki]
sorella (f)	saudara perempuan	[saudara perempuan]
sorella (f) maggiore	kakak perempuan	[kaka' perempuan]
sorella (f) minore	adik perempuan	[adi' perempuan]
cugino (m)	sepupu lelaki	[sepupu lelaki]
cugina (f)	sepupu perempuan	[sepupu perempuan]
mamma (f)	mama, ibu	[mama], [ibu]
papà (m)	papa, ayah	[papa], [ajah]
genitori (m pl)	orang tua	[oraŋ tua]
bambino (m)	anak	[ana']
bambini (m pl)	anak-anak	[ana'-ana']
nonna (f)	nenek	[nene']
nonno (m)	kakek	[kake']

nipote (m) (figlio di un figlio)	cucu laki-laki	[tʃutʃu laki-laki]
nipote (f)	cucu perempuan	[tʃutʃu pərempuan]
nipoti (pl)	cucu	[tʃutʃu]

zio (m)	paman	[paman]
zia (f)	bibi	[bibi]
nipote (m) (figlio di un fratello)	keponakan laki-laki	[keponakan laki-laki]
nipote (f)	keponakan perempuan	[keponakan pərempuan]

suocera (f)	ibu mertua	[ibu mertua]
suocero (m)	ayah mertua	[ajah mertua]
genero (m)	menantu laki-laki	[mənantu laki-laki]
matrigna (f)	ibu tiri	[ibu tiri]
patrigno (m)	ayah tiri	[ajah tiri]

neonato (m)	bayi	[baji]
infante (m)	bayi	[baji]
bimbo (m), ragazzino (m)	bocah cilik	[botʃah tʃili']

moglie (f)	istri	[istri]
marito (m)	suami	[suami]
coniuge (m)	suami	[suami]
coniuge (f)	istri	[istrI]

sposato (agg)	menikah, beristri	[mənikah], [bəristri]
sposata (agg)	menikah, bersuami	[mənikah], [bərsuami]
celibe (agg)	bujang	[budʒˈaŋ]
scapolo (m)	bujang	[budʒˈaŋ]
divorziato (agg)	bercerai	[bərtʃeraj]
vedova (f)	janda	[dʒˈanda]
vedovo (m)	duda	[duda]

parente (m)	kerabat	[kerabat]
parente (m) stretto	kerabat dekat	[kerabat dekat]
parente (m) lontano	kerabat jauh	[kerabat dʒˈauh]
parenti (m pl)	kerabat, sanak saudara	[kerabat], [sana' saudara]

orfano (m), orfana (f)	yatim piatu	[yatim piatu]
tutore (m)	wali	[wali]
adottare (~ un bambino)	mengadopsi	[məŋadopsi]
adottare (~ una bambina)	mengadopsi	[məŋadopsi]

Medicinali

47. Malattie

malattia (f)	penyakit	[penjakit]
essere malato	sakit	[sakit]
salute (f)	kesehatan	[kesehatan]
raffreddore (m)	hidung meler	[hiduŋ meler]
tonsillite (f)	radang tonsil	[radaŋ tonsil]
raffreddore (m)	pilek, selesma	[pilek], [selesma]
raffreddarsi (vr)	masuk angin	[masu' aŋin]
bronchite (f)	bronkitis	[bronkitis]
polmonite (f)	radang paru-paru	[radaŋ paru-paru]
influenza (f)	flu	[flu]
miope (agg)	rabun jauh	[rabun dʒʲauh]
presbite (agg)	rabun dekat	[rabun dekat]
strabismo (m)	mata juling	[mata dʒʲuliŋ]
strabico (agg)	bermata juling	[bərmata dʒʲuliŋ]
cateratta (f)	katarak	[katara']
glaucoma (m)	glaukoma	[glaukoma]
ictus (m) cerebrale	stroke	[stroke]
attacco (m) di cuore	infark	[infar']
infarto (m) miocardico	serangan jantung	[seraŋan dʒʲantuŋ]
paralisi (f)	kelumpuhan	[kelumpuhan]
paralizzare (vt)	melumpuhkan	[melumpuhkan]
allergia (f)	alergi	[alergi]
asma (f)	asma	[asma]
diabete (m)	diabetes	[diabetes]
mal (m) di denti	sakit gigi	[sakit gigi]
carie (f)	karies	[karies]
diarrea (f)	diare	[diare]
stitichezza (f)	konstipasi, sembelit	[konstipasi], [sembelit]
disturbo (m) gastrico	gangguan pencernaan	[gaŋuan pentʃarna'an]
intossicazione (f) alimentare	keracunan makanan	[keratʃunan makanan]
intossicarsi (vr)	keracunan makanan	[keratʃunan makanan]
artrite (f)	artritis	[artritis]
rachitide (f)	rakitis	[rakitis]
reumatismo (m)	rematik	[remati']
aterosclerosi (f)	aterosklerosis	[aterosklerosis]
gastrite (f)	radang perut	[radaŋ pərut]
appendicite (f)	apendisitis	[apendisitis]

colecistite (f)	radang pundi empedu	[radaŋ pundi empedu]
ulcera (f)	tukak lambung	[tuka' lambuŋ]
morbillo (m)	penyakit campak	[penjakit tʃampaʔ]
rosolia (f)	penyakit campak Jerman	[penjakit tʃampaʔ dʒʲerman]
itterizia (f)	sakit kuning	[sakit kuniŋ]
epatite (f)	hepatitis	[hepatitis]
schizofrenia (f)	skizofrenia	[skizofrenia]
rabbia (f)	rabies	[rabies]
nevrosi (f)	neurosis	[neurosis]
commozione (f) cerebrale	gegar otak	[gegar otaʔ]
cancro (m)	kanker	[kanker]
sclerosi (f)	sklerosis	[sklerosis]
sclerosi (f) multipla	sklerosis multipel	[sklerosis multipel]
alcolismo (m)	alkoholisme	[alkoholisme]
alcolizzato (m)	alkoholik	[alkoholiʔ]
sifilide (f)	sifilis	[sifilis]
AIDS (m)	AIDS	[ajds]
tumore (m)	tumor	[tumor]
maligno (agg)	ganas	[ganas]
benigno (agg)	jinak	[dʒinaʔ]
febbre (f)	demam	[demam]
malaria (f)	malaria	[malaria]
cancrena (f)	gangren	[gaŋren]
mal (m) di mare	mabuk laut	[mabuʔ laut]
epilessia (f)	epilepsi	[epilepsi]
epidemia (f)	epidemi	[epidemi]
tifo (m)	tifus	[tifus]
tubercolosi (f)	tuberkulosis	[tuberkulosis]
colera (m)	kolera	[kolera]
peste (f)	penyakit pes	[penjakit pes]

48. Sintomi. Cure. Parte 1

sintomo (m)	gejala	[gedʒʲala]
temperatura (f)	temperatur, suhu	[temperatur], [suhu]
febbre (f) alta	temperatur tinggi	[temperatur tiŋgi]
polso (m)	denyut nadi	[denyut nadi]
capogiro (m)	rasa pening	[rasa peniŋ]
caldo (agg)	panas	[panas]
brivido (m)	menggigil	[meŋgigil]
pallido (un viso ~)	pucat	[putʃat]
tosse (f)	batuk	[batuʔ]
tossire (vi)	batuk	[batuʔ]
starnutire (vi)	bersin	[bersin]
svenimento (m)	pingsan	[piŋsan]

svenire (vi)	jatuh pingsan	[dʒ'atuh piŋsan]
livido (m)	luka memar	[luka memar]
bernoccolo (m)	bengkak	[beŋka']
farsi un livido	terantuk	[tərantu']
contusione (f)	luka memar	[luka memar]
farsi male	kena luka memar	[kena luka memar]
zoppicare (vi)	pincang	[pintʃaŋ]
slogatura (f)	keseleo	[keseleo]
slogarsi (vr)	keseleo	[keseleo]
frattura (f)	fraktura, patah tulang	[fraktura], [patah tulaŋ]
fratturarsi (vr)	patah tulang	[patah tulaŋ]
taglio (m)	teriris	[təriris]
tagliarsi (vr)	teriris	[təriris]
emorragia (f)	perdarahan	[pərdarahan]
scottatura (f)	luka bakar	[luka bakar]
scottarsi (vr)	menderita luka bakar	[məndərita luka bakar]
pungere (vt)	menusuk	[mənusu']
pungersi (vr)	tertusuk	[tərtusu']
ferire (vt)	melukai	[melukaj]
ferita (f)	cedera	[tʃedera]
lesione (f)	luka	[luka]
trauma (m)	trauma	[trauma]
delirare (vi)	mengigau	[məɲigau]
tartagliare (vi)	gagap	[gagap]
colpo (m) di sole	sengatan matahari	[seŋatan matahari]

49. Sintomi. Cure. Parte 2

dolore (m), male (m)	sakit	[sakit]
scheggia (f)	selumbar	[selumbar]
sudore (m)	keringat	[keriŋat]
sudare (vi)	berkeringat	[bərkeriŋat]
vomito (m)	muntah	[muntah]
convulsioni (f pl)	kram	[kram]
incinta (agg)	hamil	[hamil]
nascere (vi)	lahir	[lahir]
parto (m)	persalinan	[pərsalinan]
essere in travaglio di parto	melahirkan	[melahirkan]
aborto (m)	aborsi	[aborsi]
respirazione (f)	pernapasan	[pərnapasan]
inspirazione (f)	tarikan napas	[tarikan napas]
espirazione (f)	napas keluar	[napas keluar]
espirare (vi)	mengembuskan napas	[məɲembuskan napas]
inspirare (vi)	menarik napas	[mənari' napas]
invalido (m)	penderita cacat	[penderita tʃatʃat]
storpio (m)	penderita cacat	[penderita tʃatʃat]

drogato (m)	pecandu narkoba	[petʃandu narkoba]
sordo (agg)	tunarungu	[tunaruŋu]
muto (agg)	tunawicara	[tunawitʃara]
sordomuto (agg)	tunarungu-wicara	[tunaruŋu-witʃara]
matto (agg)	gila	[gila]
matto (m)	lelaki gila	[lelaki gila]
matta (f)	perempuan gila	[pərempuan gila]
impazzire (vi)	menggila	[məŋgila]
gene (m)	gen	[gen]
immunità (f)	imunitas	[imunitas]
ereditario (agg)	turun-temurun	[turun-temurun]
innato (agg)	bawaan	[bawa'an]
virus (m)	virus	[virus]
microbo (m)	mikroba	[mikroba]
batterio (m)	bakteri	[bakteri]
infezione (f)	infeksi	[infeksi]

50. Sintomi. Cure. Parte 3

ospedale (m)	rumah sakit	[rumah sakit]
paziente (m)	pasien	[pasien]
diagnosi (f)	diagnosis	[diagnosis]
cura (f)	perawatan	[pərawatan]
trattamento (m)	pengobatan medis	[peŋobatan medis]
curarsi (vr)	berobat	[bərobat]
curare (vt)	merawat	[merawat]
accudire (un malato)	merawat	[merawat]
assistenza (f)	pengasuhan	[peŋasuhan]
operazione (f)	operasi, pembedahan	[operasi], [pembedahan]
bendare (vt)	membalut	[membalut]
fasciatura (f)	pembalutan	[pembalutan]
vaccinazione (f)	vaksinasi	[vaksinasi]
vaccinare (vt)	memvaksinasi	[memvaksinasi]
iniezione (f)	suntikan	[suntikan]
fare una puntura	menyuntik	[mənyunti']
attacco (m) (~ epilettico)	serangan	[seraŋan]
amputazione (f)	amputasi	[amputasi]
amputare (vt)	mengamputasi	[məŋamputasi]
coma (m)	koma	[koma]
essere in coma	dalam keadaan koma	[dalam keada'an koma]
rianimazione (f)	perawatan intensif	[pərawatan intensif]
guarire (vi)	sembuh	[sembuh]
stato (f) (del paziente)	keadaan	[keada'an]
conoscenza (f)	kesadaran	[kesadaran]
memoria (f)	memori, daya ingat	[memori], [daja iŋat]
estrarre (~ un dente)	mencabut	[məntʃabut]

| otturazione (f) | tambalan | [tambalan] |
| otturare (vt) | menambal | [mənambal] |

| ipnosi (f) | hipnosis | [hipnosis] |
| ipnotizzare (vt) | menghipnosis | [məŋhipnosis] |

51. Medici

medico (m)	dokter	[dokter]
infermiera (f)	suster, juru rawat	[suster], [dʒʲuru rawat]
medico (m) personale	dokter pribadi	[dokter pribadi]

dentista (m)	dokter gigi	[dokter gigi]
oculista (m)	dokter mata	[dokter mata]
internista (m)	ahli penyakit dalam	[ahli penjakit dalam]
chirurgo (m)	dokter bedah	[dokter bedah]

psichiatra (m)	psikiater	[psikiater]
pediatra (m)	dokter anak	[dokter anaʔ]
psicologo (m)	psikolog	[psikolog]
ginecologo (m)	ginekolog	[ginekolog]
cardiologo (m)	kardiolog	[kardiolog]

52. Medicinali. Farmaci. Accessori

medicina (f)	obat	[obat]
rimedio (m)	obat	[obat]
prescrivere (vt)	meresepkan	[meresepkan]
prescrizione (f)	resep	[resep]

compressa (f)	pil, tablet	[pil], [tablet]
unguento (m)	salep	[salep]
fiala (f)	ampul	[ampul]
pozione (f)	obat cair	[obat tʃajr]
sciroppo (m)	sirop	[sirop]
pillola (f)	pil	[pil]
polverina (f)	bubuk	[bubuʔ]

benda (f)	perban	[perban]
ovatta (f)	kapas	[kapas]
iodio (m)	iodium	[iodium]

cerotto (m)	plester obat	[plester obat]
contagocce (m)	tetes mata	[tetes mata]
termometro (m)	termometer	[tərmometər]
siringa (f)	alat suntik	[alat suntiʔ]

| sedia (f) a rotelle | kursi roda | [kursi roda] |
| stampelle (f pl) | kruk | [kruʔ] |

| analgesico (m) | obat bius | [obat bius] |
| lassativo (m) | laksatif, obat pencuci perut | [laksatif], [obat pentʃutʃi pərut] |

alcol (m)	**spiritus, alkohol**	[spiritus], [alkohol]
erba (f) officinale	**tanaman obat**	[tanaman obat]
d'erbe (infuso ~)	**herbal**	[herbal]

HABITAT UMANO

Città

53. Città. Vita di città

città (f)	kota	[kota]
capitale (f)	ibu kota	[ibu kota]
villaggio (m)	desa	[desa]
mappa (f) della città	peta kota	[peta kota]
centro (m) della città	pusat kota	[pusat kota]
sobborgo (m)	pinggir kota	[piŋgir kota]
suburbano (agg)	pinggir kota	[piŋgir kota]
periferia (f)	pinggir	[piŋgir]
dintorni (m pl)	daerah sekitarnya	[daerah sekitarnja]
isolato (m)	blok	[bloʔ]
quartiere residenziale	blok perumahan	[bloʔ pərumahan]
traffico (m)	lalu lintas	[lalu lintas]
semaforo (m)	lampu lalu lintas	[lampu lalu lintas]
trasporti (m pl) urbani	angkot	[aŋkot]
incrocio (m)	persimpangan	[pərsimpaŋan]
passaggio (m) pedonale	penyeberangan	[penjeberaŋan]
sottopassaggio (m)	terowongan penyeberangan	[tərowoŋan penjeberaŋan]
attraversare (vt)	menyeberang	[mənjeberaŋ]
pedone (m)	pejalan kaki	[pedʒʲalan kaki]
marciapiede (m)	trotoar	[trotoar]
ponte (m)	jembatan	[dʒʲembatan]
banchina (f)	tepi sungai	[tepi suŋaj]
fontana (f)	air mancur	[air mantʃur]
vialetto (m)	jalan kecil	[dʒʲalan ketʃil]
parco (m)	taman	[taman]
boulevard (m)	bulevar, adimarga	[bulevar], [adimarga]
piazza (f)	lapangan	[lapaŋan]
viale (m), corso (m)	jalan raya	[dʒʲalan raja]
via (f), strada (f)	jalan	[dʒʲalan]
vicolo (m)	gang	[gaŋ]
vicolo (m) cieco	jalan buntu	[dʒʲalan buntu]
casa (f)	rumah	[rumah]
edificio (m)	gedung	[geduŋ]
grattacielo (m)	pencakar langit	[pentʃakar laŋit]
facciata (f)	bagian depan	[bagian depan]

tetto (m)	atap	[atap]
finestra (f)	jendela	[dʒʲendela]
arco (m)	lengkungan	[leŋkuŋan]
colonna (f)	pilar	[pilar]
angolo (m)	sudut	[sudut]
vetrina (f)	etalase	[etalase]
insegna (f) (di negozi, ecc.)	papan nama	[papan nama]
cartellone (m)	poster	[poster]
cartellone (m) pubblicitario	poster iklan	[poster iklan]
tabellone (m) pubblicitario	papan iklan	[papan iklan]
pattume (m), spazzatura (f)	sampah	[sampah]
pattumiera (f)	tong sampah	[toŋ sampah]
sporcare (vi)	menyampah	[mənjampah]
discarica (f) di rifiuti	tempat pemrosesan akhir (TPA)	[tempat pemrosesan ahir]
cabina (f) telefonica	gardu telepon umum	[gardu telepon umum]
lampione (m)	tiang lampu	[tiaŋ lampu]
panchina (f)	bangku	[baŋku]
poliziotto (m)	polisi	[polisi]
polizia (f)	polisi, kepolisian	[polisi], [kepolisian]
mendicante (m)	pengemis	[peɲemis]
barbone (m)	tuna wisma	[tuna wisma]

54. Servizi cittadini

negozio (m)	toko	[toko]
farmacia (f)	apotek, toko obat	[apotek], [toko obat]
ottica (f)	optik	[optiʔ]
centro (m) commerciale	toserba	[toserba]
supermercato (m)	pasar swalayan	[pasar swalajan]
panetteria (f)	toko roti	[toko roti]
fornaio (m)	pembuat roti	[pembuat roti]
pasticceria (f)	toko kue	[toko kue]
drogheria (f)	toko pangan	[toko paŋan]
macelleria (f)	toko daging	[toko dagiŋ]
fruttivendolo (m)	toko sayur	[toko sajur]
mercato (m)	pasar	[pasar]
caffè (m)	warung kopi	[waruŋ kopi]
ristorante (m)	restoran	[restoran]
birreria (f), pub (m)	kedai bir	[kedaj bir]
pizzeria (f)	kedai piza	[kedaj piza]
salone (m) di parrucchiere	salon rambut	[salon rambut]
ufficio (m) postale	kantor pos	[kantor pos]
lavanderia (f) a secco	penatu kimia	[penatu kimia]
studio (m) fotografico	studio foto	[studio foto]
negozio (m) di scarpe	toko sepatu	[toko sepatu]

libreria (f)	toko buku	[toko buku]
negozio (m) sportivo	toko alat olahraga	[toko alat olahraga]
riparazione (f) di abiti	reparasi pakaian	[reparasi pakajan]
noleggio (m) di abiti	rental pakaian	[rental pakajan]
noleggio (m) di film	rental film	[rental film]
circo (m)	sirkus	[sirkus]
zoo (m)	kebun binatang	[kebun binataŋ]
cinema (m)	bioskop	[bioskop]
museo (m)	museum	[museum]
biblioteca (f)	perpustakaan	[pərpustaka'an]
teatro (m)	teater	[teater]
teatro (m) dell'opera	opera	[opera]
locale notturno (m)	klub malam	[klub malam]
casinò (m)	kasino	[kasino]
moschea (f)	masjid	[masdʒid]
sinagoga (f)	sinagoga, kanisah	[sinagoga], [kanisah]
cattedrale (f)	katedral	[katedral]
tempio (m)	kuil, candi	[kuil], [tʃandi]
chiesa (f)	gereja	[geredʒ'a]
istituto (m)	institut, perguruan tinggi	[institut], [pərguruan tiŋgi]
università (f)	universitas	[universitas]
scuola (f)	sekolah	[sekolah]
prefettura (f)	prefektur, distrik	[prefektur], [distri']
municipio (m)	balai kota	[balaj kota]
albergo, hotel (m)	hotel	[hotel]
banca (f)	bank	[ban']
ambasciata (f)	kedutaan besar	[keduta'an besar]
agenzia (f) di viaggi	kantor pariwisata	[kantor pariwisata]
ufficio (m) informazioni	kantor penerangan	[kantor peneraŋan]
ufficio (m) dei cambi	kantor penukaran uang	[kantor penukaran uaŋ]
metropolitana (f)	kereta api bawah tanah	[kereta api bawah tanah]
ospedale (m)	rumah sakit	[rumah sakit]
distributore (m) di benzina	SPBU, stasiun bensin	[es-pe-be-u], [stasjun bensin]
parcheggio (m)	tempat parkir	[tempat parkir]

55. Cartelli

insegna (f) (di negozi, ecc.)	papan nama	[papan nama]
iscrizione (f)	tulisan	[tulisan]
cartellone (m)	poster	[poster]
segnale (m) di direzione	penunjuk arah	[penundʒu' arah]
freccia (f)	anak panah	[ana' panah]
avvertimento (m)	peringatan	[pəriŋatan]
avviso (m)	tanda peringatan	[tanda pəriŋatan]

avvertire, avvisare (vt)	memperingatkan	[memperiŋatkan]
giorno (m) di riposo	hari libur	[hari libur]
orario (m)	jadwal	[dʒ'adwal]
orario (m) di apertura	jam buka	[dʒ'am buka]
BENVENUTI!	SELAMAT DATANG!	[selamat dataŋ!]
ENTRATA	MASUK	[masuʔ]
USCITA	KELUAR	[keluar]
SPINGERE	DORONG	[doroŋ]
TIRARE	TARIK	[tariʔ]
APERTO	BUKA	[buka]
CHIUSO	TUTUP	[tutup]
DONNE	WANITA	[wanita]
UOMINI	PRIA	[pria]
SCONTI	DISKON	[diskon]
SALDI	OBRAL	[obral]
NOVITÀ!	BARU!	[baru!]
GRATIS	GRATIS	[gratis]
ATTENZIONE!	PERHATIAN!	[pərhatian!]
COMPLETO	PENUH	[penuh]
RISERVATO	DIRESERVASI	[direservasi]
AMMINISTRAZIONE	ADMINISTRASI	[administrasi]
RISERVATO AL PERSONALE	KHUSUS STAF	[husus staf]
ATTENTI AL CANE	AWAS, ANJING GALAK!	[awas], [andʒiŋ galaʔ!]
VIETATO FUMARE!	DILARANG MEROKOK!	[dilaraŋ merokoʔ!]
NON TOCCARE	JANGAN SENTUH!	[dʒ'aŋan sentuh!]
PERICOLOSO	BERBAHAYA	[bərbahaja]
PERICOLO	BAHAYA	[bahaja]
ALTA TENSIONE	TEGANGAN TINGGI	[tegaŋan tiŋgi]
DIVIETO DI BALNEAZIONE	DILARANG BERENANG!	[dilaraŋ bərenaŋ!]
GUASTO	RUSAK	[rusaʔ]
INFIAMMABILE	BAHAN MUDAH TERBAKAR	[bahan mudah tərbakar]
VIETATO	DILARANG	[dilaraŋ]
VIETATO L'INGRESSO	DILARANG MASUK!	[dilaraŋ masuʔ!]
VERNICE FRESCA	AWAS CAT BASAH	[awas tʃat basah]

56. Mezzi pubblici in città

autobus (m)	bus	[bus]
tram (m)	trem	[trem]
filobus (m)	bus listrik	[bus listriʔ]
itinerario (m)	trayek	[traeʔ]
numero (m)	nomor	[nomor]
andare in ...	naik ...	[naiʔ ...]

salire (~ sull'autobus)	naik	[naiʔ]
scendere da …	turun …	[turun …]
fermata (f) (~ dell'autobus)	halte, pemberhentian	[halte], [pemberhentian]
prossima fermata (f)	halte berikutnya	[halte bərikutnja]
capolinea (m)	halte terakhir	[halte tərahir]
orario (m)	jadwal	[dʒʲadwal]
aspettare (vt)	menunggu	[mənuŋgu]
biglietto (m)	tiket	[tiket]
prezzo (m) del biglietto	harga karcis	[harga kartʃis]
cassiere (m)	kasir	[kasir]
controllo (m) dei biglietti	pemeriksaan tiket	[pemeriksaʔan tiket]
bigliettaio (m)	kondektur	[kondektur]
essere in ritardo	terlambat …	[tərlambat …]
perdere (~ il treno)	ketinggalan	[ketiŋgalan]
avere fretta	tergesa-gesa	[tərgesa-gesa]
taxi (m)	taksi	[taksi]
taxista (m)	sopir taksi	[sopir taksi]
in taxi	naik taksi	[naiʔ taksi]
parcheggio (m) di taxi	pangkalan taksi	[paŋkalan taksi]
chiamare un taxi	memanggil taksi	[memaŋgil taksi]
prendere un taxi	menaiki taksi	[mənajki taksi]
traffico (m)	lalu lintas	[lalu lintas]
ingorgo (m)	kemacetan lalu lintas	[kematʃetan lalu lintas]
ore (f pl) di punta	jam sibuk	[dʒʲam sibuʔ]
parcheggiarsi (vr)	parkir	[parkir]
parcheggiare (vt)	memarkir	[memarkir]
parcheggio (m)	tempat parkir	[tempat parkir]
metropolitana (f)	kereta api bawah tanah	[kereta api bawah tanah]
stazione (f)	stasiun	[stasiun]
prendere la metropolitana	naik kereta api bawah tanah	[naiʔ kereta api bawah tanah]
treno (m)	kereta api	[kereta api]
stazione (f) ferroviaria	stasiun kereta api	[stasiun kereta api]

57. Visita turistica

monumento (m)	monumen, patung	[monumen], [patuŋ]
fortezza (f)	benteng	[benteŋ]
palazzo (m)	istana	[istana]
castello (m)	kastil	[kastil]
torre (f)	menara	[mənara]
mausoleo (m)	mausoleum	[mausoleum]
architettura (f)	arsitektur	[arsitektur]
medievale (agg)	abad pertengahan	[abad pərteŋahan]
antico (agg)	kuno	[kuno]
nazionale (agg)	nasional	[nasional]

famoso (agg)	terkenal	[tərkenal]
turista (m)	turis, wisatawan	[turis], [wisatawan]
guida (f)	pemandu wisata	[pemandu wisata]
escursione (f)	ekskursi	[ekskursi]
fare vedere	menunjukkan	[mənundʒiuʔkan]
raccontare (vt)	menceritakan	[məntʃeritakan]
trovare (vt)	mendapatkan	[məndapatkan]
perdersi (vr)	tersesat	[tərsesat]
mappa (f) (~ della metropolitana)	denah	[denah]
piantina (f) (~ della città)	peta	[peta]
souvenir (m)	suvenir	[suvenir]
negozio (m) di articoli da regalo	toko suvenir	[toko suvenir]
fare foto	memotret	[memotret]
fotografarsi	berfoto	[bərfoto]

58. Acquisti

comprare (vt)	membeli	[membeli]
acquisto (m)	belanjaan	[belandʒiaʔan]
fare acquisti	berbelanja	[bərbelandʒia]
shopping (m)	berbelanja	[bərbelandʒia]
essere aperto (negozio)	buka	[buka]
essere chiuso	tutup	[tutup]
calzature (f pl)	sepatu	[sepatu]
abbigliamento (m)	pakaian	[pakajan]
cosmetica (f)	kosmetik	[kosmetiʔ]
alimentari (m pl)	produk makanan	[produʔ makanan]
regalo (m)	hadiah	[hadiah]
commesso (m)	pramuniaga	[pramuniaga]
commessa (f)	pramuniaga perempuan	[pramuniaga pərempuan]
cassa (f)	kas	[kas]
specchio (m)	cermin	[tʃermin]
banco (m)	konter	[konter]
camerino (m)	kamar pas	[kamar pas]
provare (~ un vestito)	mengepas	[məŋepas]
stare bene (vestito)	pas, cocok	[pas], [tʃotʃoʔ]
piacere (vi)	suka	[suka]
prezzo (m)	harga	[harga]
etichetta (f) del prezzo	label harga	[label harga]
costare (vt)	berharga	[bərharga]
Quanto?	Berapa?	[bərapa?]
sconto (m)	diskon	[diskon]
no muy caro (agg)	tidak mahal	[tidaʔ mahal]
a buon mercato	murah	[murah]

caro (agg)	mahal	[mahal]
È caro	Ini mahal	[ini mahal]
noleggio (m)	rental, persewaan	[rental], [pərsewa'an]
noleggiare (~ un abito)	menyewa	[mənjewa]
credito (m)	kredit	[kredit]
a credito	secara kredit	[setʃara kredit]

59. Denaro

soldi (m pl)	uang	[uaŋ]
cambio (m)	pertukaran mata uang	[pərtukaran mata uaŋ]
corso (m) di cambio	nilai tukar	[nilaj tukar]
bancomat (m)	Anjungan Tunai Mandiri, ATM	[andʒˈuŋan tunaj mandiri], [a-te-em]
moneta (f)	koin	[koin]
dollaro (m)	dolar	[dolar]
euro (m)	euro	[euro]
lira (f)	lira	[lira]
marco (m)	Mark Jerman	[marˀ dʒˈerman]
franco (m)	franc	[frantʃ]
sterlina (f)	poundsterling	[paundsterliŋ]
yen (m)	yen	[yen]
debito (m)	utang	[utaŋ]
debitore (m)	pengutang	[peŋutaŋ]
prestare (~ i soldi)	meminjamkan	[memindʒˈamkan]
prendere in prestito	meminjam	[memindʒˈam]
banca (f)	bank	[banˀ]
conto (m)	rekening	[rekeniŋ]
versare (vt)	memasukkan	[memasuˀkan]
versare sul conto	memasukkan ke rekening	[memasuˀkan ke rekeniŋ]
prelevare dal conto	menarik uang	[mənariˀ uaŋ]
carta (f) di credito	kartu kredit	[kartu kredit]
contanti (m pl)	uang kontan, uang tunai	[uaŋ kontan], [uaŋ tunaj]
assegno (m)	cek	[tʃeˀ]
emettere un assegno	menulis cek	[mənulis tʃeˀ]
libretto (m) di assegni	buku cek	[buku tʃeˀ]
portafoglio (m)	dompet	[dompet]
borsellino (m)	dompet, pundi-pundi	[dompet], [pundi-pundi]
cassaforte (f)	brankas	[brankas]
erede (m)	pewaris	[pewaris]
eredità (f)	warisan	[warisan]
fortuna (f)	kekayaan	[kekaja'an]
affitto (m), locazione (f)	sewa	[sewa]
canone (m) d'affitto	uang sewa	[uaŋ sewa]
affittare (dare in affitto)	menyewa	[mənjewa]

prezzo (m)	harga	[harga]
costo (m)	harga	[harga]
somma (f)	jumlah	[dʒˈumlah]
spendere (vt)	menghabiskan	[mənhabiskan]
spese (f pl)	ongkos	[oŋkos]
economizzare (vi, vt)	menghemat	[mənhemat]
economico (agg)	hemat	[hemat]
pagare (vi, vt)	membayar	[membajar]
pagamento (m)	pembayaran	[pembajaran]
resto (m) (dare il ~)	kembalian	[kembalian]
imposta (f)	pajak	[padʒˈaʔ]
multa (f), ammenda (f)	denda	[denda]
multare (vt)	mendenda	[məndenda]

60. Posta. Servizio postale

ufficio (m) postale	kantor pos	[kantor pos]
posta (f) (lettere, ecc.)	surat	[surat]
postino (m)	tukang pos	[tukaŋ pos]
orario (m) di apertura	jam buka	[dʒˈam buka]
lettera (f)	surat	[surat]
raccomandata (f)	surat tercatat	[surat tərtʃatat]
cartolina (f)	kartu pos	[kartu pos]
telegramma (m)	telegram	[telegram]
pacco (m) postale	parsel, paket pos	[parsel], [paket pos]
vaglia (m) postale	wesel pos	[wesel pos]
ricevere (vt)	menerima	[mənerima]
spedire (vt)	mengirim	[məŋirim]
invio (m)	pengiriman	[peŋiriman]
indirizzo (m)	alamat	[alamat]
codice (m) postale	kode pos	[kode pos]
mittente (m)	pengirim	[peŋirim]
destinatario (m)	penerima	[penerima]
nome (m)	nama	[nama]
cognome (m)	nama keluarga	[nama keluarga]
tariffa (f)	tarif	[tarif]
ordinario (agg)	biasa, standar	[biasa], [standar]
standard (agg)	ekonomis	[ekonomis]
peso (m)	berat	[berat]
pesare (vt)	menimbang	[mənimbaŋ]
busta (f)	amplop	[amplop]
francobollo (m)	prangko	[praŋko]
affrancare (vt)	menempelkan prangko	[mənempelkan praŋko]

Abitazione. Casa

61. Casa. Elettricità

elettricità (f)	listrik	[listriʔ]
lampadina (f)	bohlam	[bohlam]
interruttore (m)	sakelar	[sakelar]
fusibile (m)	sekring	[sekriŋ]
filo (m)	kabel, kawat	[kabel], [kawat]
impianto (m) elettrico	rangkaian kabel	[raŋkajan kabel]
contatore (m) dell'elettricità	meteran listrik	[meteran listriʔ]
lettura, indicazione (f)	pencatatan	[pentʃatatan]

62. Villa. Palazzo

casa (f) di campagna	rumah luar kota	[rumah luar kota]
villa (f)	vila	[vila]
ala (f)	sayap	[sajap]
giardino (m)	kebun	[kebun]
parco (m)	taman	[taman]
serra (f)	rumah kaca	[rumah katʃa]
prendersi cura (~ del giardino)	memelihara	[memelihara]
piscina (f)	kolam renang	[kolam renaŋ]
palestra (f)	gym	[dʒim]
campo (m) da tennis	lapangan tenis	[lapaŋan tenis]
home cinema (m)	bioskop rumah	[bioskop rumah]
garage (m)	garasi	[garasi]
proprietà (f) privata	milik pribadi	[miliʔ pribadi]
terreno (m) privato	tanah pribadi	[tanah pribadi]
avvertimento (m)	peringatan	[periŋatan]
cartello (m) di avvertimento	tanda peringatan	[tanda periŋatan]
sicurezza (f)	keamanan	[keamanan]
guardia (f) giurata	satpam, pengawal	[satpam], [peŋawal]
allarme (f) antifurto	alarm antirampok	[alarm antirampoʔ]

63. Appartamento

appartamento (m)	apartemen	[apartemen]
camera (f), stanza (f)	kamar	[kamar]

camera (f) da letto	kamar tidur	[kamar tidur]
sala (f) da pranzo	ruang makan	[ruaŋ makan]
salotto (m)	ruang tamu	[ruaŋ tamu]
studio (m)	ruang kerja	[ruaŋ kerdʒ'a]
ingresso (m)	ruang depan	[ruaŋ depan]
bagno (m)	kamar mandi	[kamar mandi]
gabinetto (m)	kamar kecil	[kamar ketʃil]
soffitto (m)	plafon, langit-langit	[plafon], [laŋit-laŋit]
pavimento (m)	lantai	[lantaj]
angolo (m)	sudut	[sudut]

64. Arredamento. Interno

mobili (m pl)	mebel	[mebel]
tavolo (m)	meja	[medʒ'a]
sedia (f)	kursi	[kursi]
letto (m)	ranjang	[randʒ'aŋ]
divano (m)	dipan	[dipan]
poltrona (f)	kursi malas	[kursi malas]
libreria (f)	lemari buku	[lemari buku]
ripiano (m)	rak	[ra']
armadio (m)	lemari pakaian	[lemari pakajan]
attaccapanni (m) da parete	kapstok	[kapsto']
appendiabiti (m) da terra	kapstok berdiri	[kapsto' bərdiri]
comò (m)	lemari laci	[lemari latʃi]
tavolino (m) da salotto	meja kopi	[medʒ'a kopi]
specchio (m)	cermin	[tʃermin]
tappeto (m)	permadani	[pərmadani]
tappetino (m)	karpet kecil	[karpet ketʃil]
camino (m)	perapian	[pərapian]
candela (f)	lilin	[lilin]
candeliere (m)	kaki lilin	[kaki lilin]
tende (f pl)	gorden	[gorden]
carta (f) da parati	kertas dinding	[kertas dindiŋ]
tende (f pl) alla veneziana	kerai	[keraj]
lampada (f) da tavolo	lampu meja	[lampu medʒ'a]
lampada (f) da parete	lampu dinding	[lampu dindiŋ]
lampada (f) a stelo	lampu lantai	[lampu lantaj]
lampadario (m)	lampu bercabang	[lampu bərtʃabaŋ]
gamba (f)	kaki	[kaki]
bracciolo (m)	lengan	[leŋan]
spalliera (f)	sandaran	[sandaran]
cassetto (m)	laci	[latʃi]

65. Biancheria da letto

biancheria (f) da letto	kain kasur	[kain kasur]
cuscino (m)	bantal	[bantal]
federa (f)	sarung bantal	[saruŋ bantal]
coperta (f)	selimut	[selimut]
lenzuolo (m)	seprai	[sepraj]
copriletto (m)	selubung kasur	[selubuŋ kasur]

66. Cucina

cucina (f)	dapur	[dapur]
gas (m)	gas	[gas]
fornello (m) a gas	kompor gas	[kompor gas]
fornello (m) elettrico	kompor listrik	[kompor listriʔ]
forno (m)	oven	[oven]
forno (m) a microonde	microwave	[majkrowav]
frigorifero (m)	lemari es, kulkas	[lemari es], [kulkas]
congelatore (m)	lemari pembeku	[lemari pembeku]
lavastoviglie (f)	mesin pencuci piring	[mesin pentʃutʃi piriŋ]
tritacarne (m)	alat pelumat daging	[alat pelumat dagiŋ]
spremifrutta (m)	mesin sari buah	[mesin sari buah]
tostapane (m)	alat pemanggang roti	[alat pemaŋgaŋ roti]
mixer (m)	pencampur	[pentʃampur]
macchina (f) da caffè	mesin pembuat kopi	[mesin pembuat kopi]
caffettiera (f)	teko kopi	[teko kopi]
macinacaffè (m)	mesin penggiling kopi	[mesin peŋgiliŋ kopi]
bollitore (m)	cerek	[tʃereʔ]
teiera (f)	teko	[teko]
coperchio (m)	tutup	[tutup]
colino (m) da tè	saringan teh	[sariŋan teh]
cucchiaio (m)	sendok	[sendoʔ]
cucchiaino (m) da tè	sendok teh	[sendoʔ teh]
cucchiaio (m)	sendok makan	[sendoʔ makan]
forchetta (f)	garpu	[garpu]
coltello (m)	pisau	[pisau]
stoviglie (f pl)	piring mangkuk	[piriŋ maŋkuʔ]
piatto (m)	piring	[piriŋ]
piattino (m)	alas cangkir	[alas tʃaŋkir]
cicchetto (m)	seloki	[seloki]
bicchiere (m) (~ d'acqua)	gelas	[gelas]
tazzina (f)	cangkir	[tʃaŋkir]
zuccheriera (f)	wadah gula	[wadah gula]
saliera (f)	wadah garam	[wadah garam]
pepiera (f)	wadah merica	[wadah meritʃa]

burriera (f)	wadah mentega	[wadah mentega]
pentola (f)	panci	[pantʃi]
padella (f)	kuali	[kuali]
mestolo (m)	sudu	[sudu]
colapasta (m)	saringan	[fariŋan]
vassoio (m)	talam	[talam]
bottiglia (f)	botol	[botol]
barattolo (m) di vetro	gelas	[gelas]
latta, lattina (f)	kaleng	[kaleŋ]
apribottiglie (m)	pembuka botol	[pembuka botol]
apriscatole (m)	pembuka kaleng	[pembuka kaleŋ]
cavatappi (m)	kotrek	[kotreʔ]
filtro (m)	saringan	[fariŋan]
filtrare (vt)	saringan	[fariŋan]
spazzatura (f)	sampah	[sampah]
pattumiera (f)	tong sampah	[toŋ sampah]

67. Bagno

bagno (m)	kamar mandi	[kamar mandi]
acqua (f)	air	[air]
rubinetto (m)	keran	[keran]
acqua (f) calda	air panas	[air panas]
acqua (f) fredda	air dingin	[air diŋin]
dentifricio (m)	pasta gigi	[pasta gigi]
lavarsi i denti	menggosok gigi	[məŋgoso' gigi]
spazzolino (m) da denti	sikat gigi	[sikat gigi]
rasarsi (vr)	bercukur	[bərtʃukur]
schiuma (f) da barba	busa cukur	[busa tʃukur]
rasoio (m)	pisau cukur	[pisau tʃukur]
lavare (vt)	mencuci	[məntʃutʃi]
fare un bagno	mandi	[mandi]
doccia (f)	pancuran	[pantʃuran]
fare una doccia	mandi pancuran	[mandi pantʃuran]
vasca (f) da bagno	bak mandi	[ba' mandi]
water (m)	kloset	[kloset]
lavandino (m)	wastafel	[wastafel]
sapone (m)	sabun	[sabun]
porta (m) sapone	wadah sabun	[wadah sabun]
spugna (f)	spons	[spons]
shampoo (m)	sampo	[sampo]
asciugamano (m)	handuk	[handuʔ]
accappatoio (m)	jubah mandi	[dʒjubah mandi]
bucato (m)	pencucian	[pentʃutʃian]
lavatrice (f)	mesin cuci	[mesin tʃutʃi]

| fare il bucato | mencuci | [məntʃutʃi] |
| detersivo (m) per il bucato | deterjen cuci | [deterdʒien tʃutʃi] |

68. Elettrodomestici

televisore (m)	pesawat TV	[pesawat ti-vi]
registratore (m) a nastro	alat perekam	[alat pərekam]
videoregistratore (m)	video, VCR	[vidio], [vi-si-er]
radio (f)	radio	[radio]
lettore (m)	pemutar	[pemutar]

videoproiettore (m)	proyektor video	[proektor video]
home cinema (m)	bioskop rumah	[bioskop rumah]
lettore (m) DVD	pemutar DVD	[pemutar di-vi-di]
amplificatore (m)	penguat	[peŋuat]
console (f) video giochi	konsol permainan video	[konsol pərmajnan video]

videocamera (f)	kamera video	[kamera video]
macchina (f) fotografica	kamera	[kamera]
fotocamera (f) digitale	kamera digital	[kamera digital]

aspirapolvere (m)	pengisap debu	[peŋisap debu]
ferro (m) da stiro	setrika	[setrika]
asse (f) da stiro	papan setrika	[papan setrika]

telefono (m)	telepon	[telepon]
telefonino (m)	ponsel	[ponsel]
macchina (f) da scrivere	mesin ketik	[mesin keti?]
macchina (f) da cucire	mesin jahit	[mesin dʒiahit]

microfono (m)	mikrofon	[mikrofon]
cuffia (f)	headphone, fonkepala	[headphone], [fonkepala]
telecomando (m)	panel kendali	[panel kendali]

CD (m)	cakram kompak	[tʃakram kompa?]
cassetta (f)	kaset	[kaset]
disco (m) (vinile)	piringan hitam	[piriŋan hitam]

ATTIVITÀ UMANA

Lavoro. Affari. Parte 1

69. Ufficio. Lavorare in ufficio

uffici (m pl) (gli ~ della società)	kantor	[kantor]
ufficio (m)	ruang kerja	[ruaŋ kerdʒ'a]
portineria (f)	resepsionis kantor	[resepsionis kantor]
segretario (m)	sekretaris	[sekretaris]
segretaria (f)	sekretaris	[sekretaris]
direttore (m)	direktur	[direktur]
manager (m)	manajer	[manadʒ'er]
contabile (m)	akuntan	[akuntan]
impiegato (m)	karyawan	[karjawan]
mobili (m pl)	mebel	[mebel]
scrivania (f)	meja	[medʒ'a]
poltrona (f)	kursi malas	[kursi malas]
cassettiera (f)	meja samping ranjang	[medʒ'a sampiŋ randʒ'aŋ]
appendiabiti (m) da terra	kapstok berdiri	[kapsto' berdiri]
computer (m)	komputer	[komputer]
stampante (f)	printer, pencetak	[printer], [pentʃeta']
fax (m)	mesin faks	[mesin faks]
fotocopiatrice (f)	mesin fotokopi	[mesin fotokopi]
carta (f)	kertas	[kertas]
cancelleria (f)	alat tulis kantor	[alat tulis kantor]
tappetino (m) del mouse	bantal tetikus	[bantal tetikus]
foglio (m)	lembar	[lembar]
cartella (f)	map	[map]
catalogo (m)	katalog	[katalog]
elenco (m) del telefono	buku telepon	[buku telepon]
documentazione (f)	dokumentasi	[dokumentasi]
opuscolo (m)	brosur	[brosur]
volantino (m)	selebaran	[selebaran]
campione (m)	sampel, contoh	[sampel], [tʃontoh]
formazione (f)	latihan	[latihan]
riunione (f)	rapat	[rapat]
pausa (f) pranzo	waktu makan siang	[waktu makan siaŋ]
copiare (vt)	membuat salinan	[membuat salinan]
fare copie	memperbanyak	[memperbanja']
ricevere un fax	menerima faks	[mənerima faks]
spedire un fax	mengirim faks	[məŋirim faks]

telefonare (vi, vt)	menelepon	[mənelepon]
rispondere (vi, vt)	menjawab	[məndʒʲawab]
passare (glielo passo)	menyambungkan	[mənjambuŋkan]

fissare (organizzare)	menetapkan	[mənetapkan]
dimostrare (vt)	memeragakan	[memeragakan]
essere assente	absen, tidak hadir	[absen], [tidaʔ hadir]
assenza (f)	absensi, ketidakhadiran	[absensi], [ketidahadiran]

70. Operazioni d'affari. Parte 1

| attività (f) | bisnis | [bisnis] |
| occupazione (f) | urusan | [urusan] |

ditta (f)	firma	[firma]
compagnia (f)	maskapai	[maskapaj]
corporazione (f)	korporasi	[korporasi]
impresa (f)	perusahaan	[pərusahaʔan]
agenzia (f)	biro, kantor	[biro], [kantor]

accordo (m)	perjanjian	[pərdʒʲandʒian]
contratto (m)	kontrak	[kontraʔ]
affare (m)	transaksi	[transaksi]
ordine (m) (ordinazione)	pesanan	[pesanan]
termine (m) dell'accordo	syarat	[ʃarat]

all'ingrosso	grosir	[grosir]
all'ingrosso (agg)	grosir	[grosir]
vendita (f) all'ingrosso	penjualan grosir	[pendʒʲualan grosir]
al dettaglio (agg)	eceran	[etʃeran]
vendita (f) al dettaglio	pengeceran	[peŋetʃeran]

concorrente (m)	kompetitor, pesaing	[kompetitor], [pesajŋ]
concorrenza (f)	kompetisi, persaingan	[kompetisi], [pərsajŋan]
competere (vi)	bersaing	[bərsajŋ]

| socio (m), partner (m) | mitra | [mitra] |
| partenariato (m) | kemitraan | [kemitraʔan] |

crisi (f)	krisis	[krisis]
bancarotta (f)	kebangkrutan	[kebaŋkrutan]
fallire (vi)	jatuh bangkrut	[dʒʲatuh baŋkrut]
difficoltà (f)	kesukaran	[kesukaran]
problema (m)	masalah	[masalah]
disastro (m)	gagal total	[gagal total]

economia (f)	ekonomi	[ekonomi]
economico (agg)	ekonomi	[ekonomi]
recessione (f) economica	resesi ekonomi	[resesi ekonomi]

scopo (m), obiettivo (m)	tujuan	[tudʒʲuan]
incarico (m)	tugas	[tugas]
commerciare (vi)	berdagang	[bərdagaŋ]
rete (f) (~ di distribuzione)	jaringan	[dʒʲariŋan]

giacenza (f)	inventaris	[inventaris]
assortimento (m)	penyortiran	[penjortiran]
leader (m), capo (m)	pemimpin	[pemimpin]
grande (agg)	besar	[besar]
monopolio (m)	monopoli	[monopoli]
teoria (f)	teori	[teori]
pratica (f)	praktik	[prakti⁷]
esperienza (f)	pengalaman	[peɲalaman]
tendenza (f)	tendensi	[tendensi]
sviluppo (m)	perkembangan	[pərkembaŋan]

71. Operazioni d'affari. Parte 2

profitto (m)	keuntungan	[keuntuŋan]
profittevole (agg)	menguntungkan	[məŋuntuŋkan]
delegazione (f)	delegasi	[delegasi]
stipendio (m)	gaji, upah	[gadʒi], [upah]
correggere (vt)	mengoreksi	[məŋoreksi]
viaggio (m) d'affari	perjalanan dinas	[pərdʒ'alanan dinas]
commissione (f)	panitia	[panitia]
controllare (vt)	mengontrol	[məŋontrol]
conferenza (f)	konferensi	[konferensi]
licenza (f)	lisensi, izin	[lisensi], [izin]
affidabile (agg)	yang bisa dipercaya	[yaŋ bisa dipertʃaja]
iniziativa (f) (progetto nuovo)	inisiatif	[inisiatif]
norma (f)	norma	[norma]
circostanza (f)	keadaan sekitar	[keada'an sekitar]
mansione (f)	tugas	[tugas]
impresa (f)	organisasi	[organisasi]
organizzazione (f)	pengurusan	[peŋurusan]
organizzato (agg)	terurus	[tərurus]
annullamento (m)	pembatalan	[pembatalan]
annullare (vt)	membatalkan	[membatalkan]
rapporto (m) (~ ufficiale)	laporan	[laporan]
brevetto (m)	paten	[paten]
brevettare (vt)	mematenkan	[mematenkan]
pianificare (vt)	merencanakan	[merentʃanakan]
premio (m)	bonus	[bonus]
professionale (agg)	profesional	[profesional]
procedura (f)	prosedur	[prosedur]
esaminare (~ un contratto)	mempertimbangkan	[mempertimbaŋkan]
calcolo (m)	perhitungan	[pərhituŋan]
reputazione (f)	reputasi	[reputasi]
rischio (m)	risiko	[risiko]
dirigere (~ un'azienda)	memimpin	[memimpin]

informazioni (f pl)	data, informasi	[data], [informasi]
proprietà (f)	milik	[miliʔ]
unione (f) (~ Italiana Vini, ecc.)	persatuan, serikat	[pərsatuan], [serikat]
assicurazione (f) sulla vita	asuransi jiwa	[asuransi ʤiwa]
assicurare (vt)	mengasuransikan	[məŋasuransikan]
assicurazione (f)	asuransi	[asuransi]
asta (f)	lelang	[lelaŋ]
avvisare (informare)	memberitahu	[memberitahu]
gestione (f)	manajemen	[manaʤʲemen]
servizio (m)	jasa	[ʤʲasa]
forum (m)	forum	[forum]
funzionare (vi)	berfungsi	[berfuŋsi]
stadio (m) (fase)	tahap	[tahap]
giuridico (agg)	hukum	[hukum]
esperto (m) legale	ahli hukum	[ahli hukum]

72. Attività produttiva. Lavori

stabilimento (m)	pabrik	[pabriʔ]
fabbrica (f)	pabrik	[pabriʔ]
officina (f) di produzione	bengkel	[beŋkel]
stabilimento (m)	perusahaan	[perusahaʔan]
industria (f)	industri	[industri]
industriale (agg)	industri	[industri]
industria (f) pesante	industri berat	[industri berat]
industria (f) leggera	industri ringan	[industri riŋan]
prodotti (m pl)	produksi	[produksi]
produrre (vt)	memproduksi	[memproduksi]
materia (f) prima	bahan baku	[bahan baku]
caposquadra (m)	mandor	[mandor]
squadra (f)	regu pekerja	[regu pekerʤʲa]
operaio (m)	buruh, pekerja	[buruh], [pekerʤʲa]
giorno (m) lavorativo	hari kerja	[hari kerʤʲa]
pausa (f)	perhentian	[perhentian]
riunione (f)	rapat	[rapat]
discutere (~ di un problema)	membicarakan	[membiʧarakan]
piano (m)	rencana	[renʧana]
eseguire il piano	melaksanakan rencana	[melaksanakan renʧana]
tasso (m) di produzione	kecepatan produksi	[keʧepatan produksi]
qualità (f)	kualitas, mutu	[kualitas], [mutu]
controllo (m)	kontrol, kendali	[kontrol], [kendali]
controllo (m) di qualità	kendali mutu	[kendali mutu]
sicurezza (f) sul lavoro	keselamatan kerja	[keselamatan kerʤʲa]
disciplina (f)	disiplin	[disiplin]

infrazione (f)	pelanggaran	[pelaŋgaran]
violare (~ le regole)	melanggar	[melaŋgar]
sciopero (m)	pemogokan	[pemogokan]
scioperante (m)	pemogok	[pemogoʔ]
fare sciopero	mogok	[mogoʔ]
sindacato (m)	serikat pekerja	[serikat pekerdʒʲa]
inventare (vt)	menemukan	[mənemukan]
invenzione (f)	penemuan	[penemuan]
ricerca (f)	riset, penelitian	[riset], [penelitian]
migliorare (vt)	memperbaiki	[memperbajki]
tecnologia (f)	teknologi	[teknologi]
disegno (m) tecnico	gambar teknik	[gambar tekniʔ]
carico (m)	muatan	[muatan]
caricatore (m)	kuli	[kuli]
caricare (~ un camion)	memuat	[memuat]
caricamento (m)	pemuatan	[pemuatan]
scaricare (vt)	membongkar	[memboŋkar]
scarico (m)	pembongkaran	[pemboŋkaran]
trasporto (m)	transportasi, angkutan	[transportasi], [aŋkutan]
società (f) di trasporti	perusahaan transportasi	[perusahaʔan transportasi]
trasportare (vt)	mengangkut	[məŋaŋkut]
vagone (m) merci	gerbong barang	[gerboŋ baraŋ]
cisterna (f)	tangki	[taŋki]
camion (m)	truk	[truʔ]
macchina (f) utensile	mesin	[mesin]
meccanismo (m)	mekanisme	[mekanisme]
rifiuti (m pl) industriali	limbah industri	[limbah industri]
imballaggio (m)	pengemasan	[peŋemasan]
imballare (vt)	mengemas	[məŋemas]

73. Contratto. Accordo

contratto (m)	kontrak	[kontraʔ]
accordo (m)	perjanjian	[perdʒʲandʒian]
allegato (m)	lampiran	[lampiran]
firmare un contratto	menandatangani kontrak	[mənandataŋani kontraʔ]
firma (f)	tanda tangan	[tanda taŋan]
firmare (vt)	menandatangani	[mənandataŋani]
timbro (m) (su documenti)	cap	[tʃap]
oggetto (m) del contratto	subjek perjanjian	[subdʒʲeʔ perdʒʲandʒian]
clausola (f)	ayat, pasal	[ajat], [pasal]
parti (f pl) (in un contratto)	pihak	[pihaʔ]
sede (f) legale	alamat sah	[alamat sah]
sciogliere un contratto	melanggar kontrak	[melaŋgar kontraʔ]
obbligo (m)	komitmen, kewajiban	[komitmen], [kewadʒiban]

responsabilità (f)	tanggung jawab	[taŋguŋ dʒ'awab]
forza (f) maggiore	keadaan kahar	[keada'an kahar]
discussione (f)	sengketa	[seŋketa]
sanzioni (f pl)	sanksi, penalti	[sanksi], [penalti]

74. Import-export

importazione (f)	impor	[impor]
importatore (m)	importir	[importir]
importare (vt)	mengimpor	[məŋimpor]
d'importazione (agg)	impor	[impor]
esportazione (f)	ekspor	[ekspor]
esportatore (m)	eksportir	[eksportir]
esportare (vt)	mengekspor	[məŋekspor]
d'esportazione (agg)	ekspor	[ekspor]
merce (f)	barang dagangan	[baraŋ dagaŋan]
carico (m)	partai	[partaj]
peso (m)	berat	[berat]
volume (m)	volume, isi	[volume], [isi]
metro (m) cubo	meter kubik	[meter kubi']
produttore (m)	produsen	[produsen]
società (f) di trasporti	perusahaan transportasi	[pərusaha'an transportasi]
container (m)	peti kemas	[peti kemas]
frontiera (f)	perbatasan	[pərbatasan]
dogana (f)	pabean	[pabean]
dazio (m) doganale	bea cukai	[bea tʃukaj]
doganiere (m)	petugas pabean	[petugas pabean]
contrabbando (m)	penyelundupan	[penjelundupan]
merci (f pl) contrabbandate	barang-barang selundupan	[baraŋ-baraŋ selundupan]

75. Mezzi finanziari

azione (f)	saham	[saham]
obbligazione (f)	obligasi	[obligasi]
cambiale (f)	wesel	[wesel]
borsa (f)	bursa efek	[bursa efe']
quotazione (f)	kurs saham	[kurs saham]
diminuire di prezzo	menjadi murah	[məndʒ'adi murah]
aumentare di prezzo	menjadi mahal	[məndʒ'adi mahal]
quota (f)	kepemilikan saham	[kepemilikan saham]
pacchetto (m) di maggioranza	mayoritas saham	[majoritas saham]
investimento (m)	investasi	[investasi]
investire (vt)	berinvestasi	[bərinvestasi]

percento (m)	persen	[pərsen]
interessi (m pl) (su investimenti)	suku bunga	[suku buŋa]

profitto (m)	profit, untung	[profit], [untuŋ]
redditizio (agg)	beruntung	[bəruntuŋ]
imposta (f)	pajak	[padʒ¡a']

valuta (f) (~ estera)	valas	[valas]
nazionale (agg)	nasional	[nasional]
cambio (m) (~ valuta)	pertukaran	[pərtukaran]

contabile (m)	akuntan	[akuntan]
ufficio (m) contabilità	akuntansi	[akuntansi]

bancarotta (f)	kebangkrutan	[kebaŋkrutan]
fallimento (m)	keruntuhan	[keruntuhan]
rovina (f)	kebangkrutan	[kebaŋkrutan]
andare in rovina	bangkrut	[baŋkrut]
inflazione (f)	inflasi	[inflasi]
svalutazione (f)	devaluasi	[devaluasi]

capitale (m)	modal	[modal]
reddito (m)	pendapatan	[pendapatan]
giro (m) di affari	omzet	[omzet]
risorse (f pl)	sumber daya	[sumber daja]
mezzi (m pl) finanziari	dana	[dana]

spese (f pl) generali	beaya umum	[beaja umum]
ridurre (~ le spese)	mengurangi	[məŋuraŋi]

76. Marketing

marketing (m)	pemasaran	[pemasaran]
mercato (m)	pasar	[pasar]
segmento (m) di mercato	segmen pasar	[segmen pasar]
prodotto (m)	produk	[produ']
merce (f)	barang dagangan	[baraŋ dagaŋan]

marca (f)	merek	[mere']
marchio (m) di fabbrica	merek dagang	[mere' dagaŋ]
logotipo (m)	logo dagang	[logo dagaŋ]
logo (m)	logo	[logo]

domanda (f)	permintaan	[pərminta'an]
offerta (f)	penawaran	[penawaran]
bisogno (m)	kebutuhan	[kebutuhan]
consumatore (m)	konsumen	[konsumen]

analisi (f)	analisis	[analisis]
analizzare (vt)	menganalisis	[məŋanalisis]
posizionamento (m)	pemosisian	[pemosisian]
posizionare (vt)	memosisikan	[memosisikan]
prezzo (m)	harga	[harga]

politica (f) dei prezzi | politik harga | [politi' harga]
determinazione (f) dei prezzi | penentuan harga | [penentuan harga]

77. Pubblicità

pubblicità (f)	iklan	[iklan]
pubblicizzare (vt)	mengiklankan	[məŋiklankan]
bilancio (m) (budget)	anggaran belanja	[aŋgaran belandʒia]

annuncio (m)	iklan	[iklan]
pubblicità (f) televisiva	iklan TV	[iklan ti-vi]
pubblicità (f) radiofonica	iklan radio	[iklan radio]
pubblicità (f) esterna	iklan luar ruangan	[iklan luar ruaŋan]

mass media (m pl)	media massa	[media massa]
periodico (m)	terbitan berkala	[tərbitan bərkala]
immagine (f)	citra	[tʃitra]

| slogan (m) | slogan, semboyan | [slogan], [semboyan] |
| motto (m) | moto | [moto] |

campagna (f)	kampanye	[kampanje]
campagna (f) pubblicitaria	kampanye iklan	[kampanje iklan]
gruppo (m) di riferimento	khalayak sasaran	[halaja' sasaran]

biglietto (m) da visita	kartu nama	[kartu nama]
volantino (m)	selebaran	[selebaran]
opuscolo (m)	brosur	[brosur]
pieghevole (m)	pamflet	[pamflet]
bollettino (m)	buletin	[buletin]

insegna (f) (di negozi, ecc.)	papan nama	[papan nama]
cartellone (m)	poster	[poster]
tabellone (m) pubblicitario	papan iklan	[papan iklan]

78. Attività bancaria

| banca (f) | bank | [ban'] |
| filiale (f) | cabang | [tʃabaŋ] |

| consulente (m) | konsultan | [konsultan] |
| direttore (m) | manajer | [manadʒier] |

conto (m) bancario	rekening	[rekeniŋ]
numero (m) del conto	nomor rekening	[nomor rekeniŋ]
conto (m) corrente	rekening koran	[rekeniŋ koran]
conto (m) di risparmio	rekening simpanan	[rekeniŋ simpanan]

aprire un conto	membuka rekening	[membuka rekeniŋ]
chiudere il conto	menutup rekening	[mənutup rekeniŋ]
versare sul conto	memasukkan ke rekening	[memasu'kan ke rekeniŋ]
prelevare dal conto	menarik uang	[mənari' uaŋ]

deposito (m)	deposito	[deposito]
depositare (vt)	melakukan setoran	[melakukan setoran]
trasferimento (m) telegrafico	transfer kawat	[transfer kawat]
rimettere i soldi	mentransfer	[məntransfer]
somma (f)	jumlah	[dʒˈumlah]
Quanto?	Berapa?	[bərapa?]
firma (f)	tanda tangan	[tanda taŋan]
firmare (vt)	menandatangani	[mənandataŋani]
carta (f) di credito	kartu kredit	[kartu kredit]
codice (m)	kode	[kode]
numero (m) della carta di credito	nomor kartu kredit	[nomor kartu kredit]
bancomat (m)	Anjungan Tunai Mandiri, ATM	[andʒˈuŋan tunaj mandiri], [a-te-em]
assegno (m)	cek	[tʃeʔ]
emettere un assegno	menulis cek	[mənulis tʃeʔ]
libretto (m) di assegni	buku cek	[buku tʃeʔ]
prestito (m)	kredit, pinjaman	[kredit], [pindʒaman]
fare domanda per un prestito	meminta kredit	[meminta kredit]
ottenere un prestito	mendapatkan kredit	[məndapatkan kredit]
concedere un prestito	memberikan kredit	[memberikan kredit]
garanzia (f)	jaminan	[dʒˈaminan]

79. Telefono. Conversazione telefonica

telefono (m)	telepon	[telepon]
telefonino (m)	ponsel	[ponsel]
segreteria (f) telefonica	mesin penjawab panggilan	[mesin pendʒˈawab paŋgilan]
telefonare (vi, vt)	menelepon	[mənelepon]
chiamata (f)	panggilan telepon	[paŋgilan telepon]
comporre un numero	memutar nomor telepon	[memutar nomor telepon]
Pronto!	Halo!	[halo!]
chiedere (domandare)	bertanya	[bərtanja]
rispondere (vi, vt)	menjawab	[məndʒˈawab]
udire (vt)	mendengar	[məndeŋar]
bene	baik	[bajʔ]
male	buruk, jelek	[buruk], [dʒˈeleʔ]
disturbi (m pl)	bising, gangguan	[bisiŋ], [gaŋguan]
cornetta (f)	gagang	[gagaŋ]
alzare la cornetta	mengangkat telepon	[məŋaŋkat telepon]
riattaccare la cornetta	menutup telepon	[mənutup telepon]
occupato (agg)	sibuk	[sibuʔ]
squillare (del telefono)	berdering	[bərderiŋ]
elenco (m) telefonico	buku telepon	[buku telepon]

locale (agg)	lokal	[lokal]
telefonata (f) urbana	panggilan lokal	[paŋgilan lokal]
interurbano (agg)	interlokal	[interlokal]
telefonata (f) interurbana	panggilan interlokal	[paŋgilan interlokal]
internazionale (agg)	internasional	[internasional]
telefonata (f) internazionale	panggilan internasional	[paŋgilan internasional]

80. Telefono cellulare

telefonino (m)	ponsel	[ponsel]
schermo (m)	layar	[lajar]
tasto (m)	kenop	[kenop]
scheda SIM (f)	kartu SIM	[kartu sim]
pila (f)	baterai	[barataj]
essere scarico	mati	[mati]
caricabatteria (m)	pengisi baterai, pengecas	[peŋisi bataraj], [peŋetʃas]
menù (m)	menu	[menu]
impostazioni (f pl)	penyetelan	[penjetelan]
melodia (f)	nada panggil	[nada paŋgil]
scegliere (vt)	memilih	[memilih]
calcolatrice (f)	kalkulator	[kalkulator]
segreteria (f) telefonica	penjawab telepon	[pendʒawab telepon]
sveglia (f)	weker	[weker]
contatti (m pl)	buku telepon	[buku telepon]
messaggio (m) SMS	pesan singkat	[pesan siŋkat]
abbonato (m)	pelanggan	[pelaŋgan]

81. Articoli di cancelleria

penna (f) a sfera	bolpen	[bolpen]
penna (f) stilografica	pena celup	[pena tʃelup]
matita (f)	pensil	[pensil]
evidenziatore (m)	spidol	[spidol]
pennarello (m)	spidol	[spidol]
taccuino (m)	buku catatan	[buku tʃatatan]
agenda (f)	agenda	[agenda]
righello (m)	mistar, penggaris	[mistar], [peŋgaris]
calcolatrice (f)	kalkulator	[kalkulator]
gomma (f) per cancellare	karet penghapus	[karet peŋhapus]
puntina (f)	paku payung	[paku pajuŋ]
graffetta (f)	penjepit kertas	[pendʒepit kertas]
colla (f)	lem	[lem]
pinzatrice (f)	stapler	[stapler]
perforatrice (f)	alat pelubang kertas	[alat pelubaŋ kertas]
temperamatite (m)	rautan pensil	[rautan pensil]

82. Generi di attività commerciali

servizi (m pl) di contabilità	jasa akuntansi	[dʒʲasa akuntansi]
pubblicità (f)	periklanan	[periklanan]
agenzia (f) pubblicitaria	biro periklanan	[biro periklanan]
condizionatori (m pl) d'aria	penyejuk udara	[penjedʒʲuʔ udara]
compagnia (f) aerea	maskapai penerbangan	[maskapaj penerbaŋan]
bevande (f pl) alcoliche	minuman beralkohol	[minuman beralkohol]
antiquariato (m)	antikuariat	[antikuariat]
galleria (f) d'arte	galeri seni	[galeri seni]
società (f) di revisione contabile	jasa audit	[dʒʲasa audit]
imprese (f pl) bancarie	industri perbankan	[industri perbankan]
bar (m)	bar	[bar]
salone (m) di bellezza	salon kecantikan	[salon ketʃantikan]
libreria (f)	toko buku	[toko buku]
birreria (f)	pabrik bir	[pabriʔ bir]
business centre (m)	pusat bisnis	[pusat bisnis]
scuola (f) di commercio	sekolah bisnis	[sekolah bisnis]
casinò (m)	kasino	[kasino]
edilizia (f)	pembangunan	[pembaŋunan]
consulenza (f)	jasa konsultasi	[dʒʲasa konsultasi]
odontoiatria (f)	klinik gigi	[kliniʔ gigi]
design (m)	desain	[desajn]
farmacia (f)	apotek, toko obat	[apotek], [toko obat]
lavanderia (f) a secco	penatu kimia	[penatu kimia]
agenzia (f) di collocamento	biro tenaga kerja	[biro tenaga kerdʒʲa]
servizi (m pl) finanziari	jasa finansial	[dʒʲasa finansial]
industria (f) alimentare	produk makanan	[produʔ makanan]
agenzia (f) di pompe funebri	rumah duka	[rumah duka]
mobili (m pl)	mebel	[mebel]
abbigliamento (m)	pakaian, busana	[pakajan], [busana]
albergo, hotel (m)	hotel	[hotel]
gelato (m)	es krim	[es krim]
industria (f)	industri	[industri]
assicurazione (f)	asuransi	[asuransi]
internet (f)	Internet	[internet]
investimenti (m pl)	investasi	[investasi]
gioielliere (m)	tukang perhiasan	[tukaŋ perhiasan]
gioielli (m pl)	perhiasan	[perhiasan]
lavanderia (f)	penatu	[penatu]
consulente (m) legale	penasihat hukum	[penasihat hukum]
industria (f) leggera	industri ringan	[industri riŋan]
rivista (f)	majalah	[madʒʲalah]
vendite (f pl) per corrispondenza	perniagaan pesanan pos	[perniagaʔan pesanan pos]
medicina (f)	kedokteran	[kedokteran]

cinema (m)	**bioskop**	[bioskop]
museo (m)	**museum**	[museum]
agenzia (f) di stampa	**kantor berita**	[kantor bərita]
giornale (m)	**koran**	[koran]
locale notturno (m)	**klub malam**	[klub malam]
petrolio (m)	**petroleum, minyak**	[petroleum], [minjaʔ]
corriere (m) espresso	**jasa kurir**	[dʒʲasa kurir]
farmaci (m pl)	**farmasi**	[farmasi]
stampa (f) (~ di libri)	**percetakan**	[pərtʃetakan]
casa (f) editrice	**penerbit**	[penerbit]
radio (f)	**radio**	[radio]
beni (m pl) immobili	**properti, lahan yasan**	[properti], [lahan yasan]
ristorante (m)	**restoran**	[restoran]
agenzia (f) di sicurezza	**biro keamanan**	[biro keamanan]
sport (m)	**olahraga**	[olahraga]
borsa (f)	**bursa efek**	[bursa efeʔ]
negozio (m)	**toko**	[toko]
supermercato (m)	**pasar swalayan**	[pasar swalajan]
piscina (f)	**kolam renang**	[kolam renaŋ]
sartoria (f)	**rumah jahit**	[rumah dʒʲahit]
televisione (f)	**televisi**	[televisi]
teatro (m)	**teater**	[teater]
commercio (m)	**perdagangan**	[pərdagaŋan]
mezzi (m pl) di trasporto	**transportasi, angkutan**	[transportasi], [aŋkutan]
viaggio (m)	**pariwisata**	[pariwisata]
veterinario (m)	**dokter hewan**	[dokter hewan]
deposito, magazzino (m)	**gudang**	[gudaŋ]
trattamento (m) dei rifiuti	**pemungutan sampah**	[pemuŋutan sampah]

Lavoro. Affari. Parte 2

83. Spettacolo. Mostra

fiera (f)	pameran	[pameran]
fiera (f) campionaria	pameran perdagangan	[pameran pərdagaŋan]
partecipazione (f)	partisipasi	[partisipasi]
partecipare (vi)	turut serta	[turut serta]
partecipante (m)	partisipan, peserta	[partisipan], [peserta]
direttore (m)	direktur	[direktur]
ufficio (m) organizzativo	biro penyelenggara kegiatan	[biro peneleŋgara kegiatan]
organizzatore (m)	penyelenggara	[penjeleŋgara]
organizzare (vt)	menyelenggarakan	[mənjeleŋgarakan]
domanda (f) di partecipazione	formulir keikutsertaan	[formulir keikutserta'an]
riempire (vt)	mengisi	[məŋisi]
dettagli (m pl)	detail	[detajl]
informazione (f)	informasi	[informasi]
prezzo (m)	harga	[harga]
incluso (agg)	termasuk	[tərmasu']
includere (vt)	mencakup	[mənʧakup]
pagare (vi, vt)	membayar	[membajar]
quota (f) d'iscrizione	biaya pendaftaran	[biaja pendaftaran]
entrata (f)	masuk	[masu']
padiglione (m)	paviliun	[paviliun]
registrare (vt)	mendaftar	[mendaftar]
tesserino (m)	label identitas	[label identitas]
stand (m)	stand	[stand]
prenotare (riservare)	memesan	[memesan]
vetrina (f)	dagang layar kaca	[dagaŋ lajar katʃa]
faretto (m)	lampu	[lampu]
design (m)	desain	[desajn]
collocare (vt)	menempatkan	[mənempatkan]
collocarsi (vr)	diletakkan	[dileta'kan]
distributore (m)	penyalur	[penjalur]
fornitore (m)	penyuplai	[penjuplaj]
fornire (vt)	menyuplai	[mənyuplaj]
paese (m)	negara, negeri	[negara], [negeri]
straniero (agg)	asing	[asiŋ]
prodotto (m)	produk	[produ']
associazione (f)	asosiasi, perhimpunan	[asosiasi], [pərhimpunan]

sala (f) conferenze	gedung pertemuan	[geduŋ pertemuan]
congresso (m)	kongres	[koŋres]
concorso (m)	kontes	[kontes]

visitatore (m)	pengunjung	[peŋundʒˈuŋ]
visitare (vt)	mendatangi	[məndataŋi]
cliente (m)	pelanggan	[pelaŋgan]

84. Scienza. Ricerca. Scienziati

scienza (f)	ilmu	[ilmu]
scientifico (agg)	ilmiah	[ilmiah]
scienziato (m)	ilmuwan	[ilmuwan]
teoria (f)	teori	[teori]

assioma (m)	aksioma	[aksioma]
analisi (f)	analisis	[analisis]
analizzare (vt)	menganalisis	[məŋanalisis]
argomento (m)	argumen	[argumen]
sostanza, materia (f)	zat, bahan	[zat], [bahan]

ipotesi (f)	hipotesis	[hipotesis]
dilemma (m)	dilema	[dilema]
tesi (f)	disertasi	[disertasi]
dogma (m)	dogma	[dogma]

dottrina (f)	doktrin	[doktrin]
ricerca (f)	riset, penelitian	[riset], [penelitian]
fare ricerche	penelitian	[penelitian]
prova (f)	pengujian	[peŋudʒian]
laboratorio (m)	laboratorium	[laboratorium]

metodo (m)	metode	[metode]
molecola (f)	molekul	[molekul]
monitoraggio (m)	pemonitoran	[pemonitoran]
scoperta (f)	penemuan	[penemuan]

postulato (m)	postulat	[postulat]
principio (m)	prinsip	[prinsip]
previsione (f)	prakiraan	[prakira'an]
fare previsioni	memprakirakan	[memprakirakan]

sintesi (f)	sintesis	[sintesis]
tendenza (f)	tendensi	[tendensi]
teorema (m)	teorema	[teorema]

insegnamento (m)	ajaran	[adʒˈaran]
fatto (m)	fakta	[fakta]
spedizione (f)	ekspedisi	[ekspedisi]
esperimento (m)	eksperimen	[eksperimen]

accademico (m)	akademikus	[akademikus]
laureato (m)	sarjana	[sardʒˈana]
dottore (m)	doktor	[doktor]

professore (m) associato	**Profesor Madya**	[profesor madja]
Master (m)	**Master**	[master]
professore (m)	**profesor**	[profesor]

Professioni e occupazioni

85. Ricerca di un lavoro. Licenziamento

lavoro (m)	kerja, pekerjaan	[kerdʒʲa], [pekerdʒʲaʔan]
organico (m)	staf, personalia	[staf], [personalia]
personale (m)	staf, personel	[staf], [personel]

carriera (f)	karier	[karier]
prospettiva (f)	perspektif	[perspektif]
abilità (f pl)	keterampilan	[keterampilan]

selezione (f) (~ del personale)	pilihan	[pilihan]
agenzia (f) di collocamento	biro tenaga kerja	[biro tenaga kerdʒʲa]
curriculum vitae (f)	resume	[resume]
colloquio (m)	wawancara kerja	[wawantʃara kerdʒʲa]
posto (m) vacante	lowongan	[lowoŋan]

salario (m)	gaji, upah	[gadʒi], [upah]
stipendio (m) fisso	gaji tetap	[gadʒi tetap]
compenso (m)	bayaran	[bajaran]

carica (f), funzione (f)	jabatan	[dʒʲabatan]
mansione (f)	tugas	[tugas]
mansioni (f pl) di lavoro	bidang tugas	[bidaŋ tugas]
occupato (agg)	sibuk	[sibuʔ]

licenziare (vt)	memecat	[memetʃat]
licenziamento (m)	pemecatan	[pemetʃatan]

disoccupazione (f)	pengangguran	[peŋaŋguran]
disoccupato (m)	penggangur	[peŋgaŋgur]
pensionamento (m)	pensiun	[pensiun]
andare in pensione	pensiun	[pensiun]

86. Gente d'affari

direttore (m)	direktur	[direktur]
dirigente (m)	manajer	[manadʒʲer]
capo (m)	bos, atasan	[bos], [atasan]

superiore (m)	atasan	[atasan]
capi (m pl)	atasan	[atasan]
presidente (m)	presiden	[presiden]
presidente (m) (impresa)	ketua, dirut	[ketua], [dirut]

vice (m)	wakil	[wakil]
assistente (m)	asisten	[asisten]

segretario (m)	sekretaris	[sekretaris]
assistente (m) personale	asisten pribadi	[asisten pribadi]

uomo (m) d'affari	pengusaha, pebisnis	[peŋusaha], [pebisnis]
imprenditore (m)	pengusaha	[peŋusaha]
fondatore (m)	pendiri	[pendiri]
fondare (vt)	mendirikan	[məndirikan]

socio (m)	pendiri	[pendiri]
partner (m)	mitra	[mitra]
azionista (m)	pemegang saham	[pemegaŋ saham]

milionario (m)	jutawan	[dʒʲutawan]
miliardario (m)	miliarder	[miliarder]
proprietario (m)	pemilik	[pemiliʔ]
latifondista (m)	tuan tanah	[tuan tanah]

cliente (m) (di professionista)	klien	[klien]
cliente (m) abituale	klien tetap	[klien tetap]
compratore (m)	pembeli	[pembeli]
visitatore (m)	tamu	[tamu]

professionista (m)	profesional	[profesional]
esperto (m)	pakar, ahli	[pakar], [ahli]
specialista (m)	spesialis, ahli	[spesialis], [ahli]

banchiere (m)	bankir	[bankir]
broker (m)	broker, pialang	[broker], [pialaŋ]

cassiere (m)	kasir	[kasir]
contabile (m)	akuntan	[akuntan]
guardia (f) giurata	satpam, pengawal	[satpam], [peŋawal]

investitore (m)	investor	[investor]
debitore (m)	debitur	[debitur]
creditore (m)	kreditor	[kreditor]
mutuatario (m)	peminjam	[pemindʒʲam]

importatore (m)	importir	[importir]
esportatore (m)	eksportir	[eksportir]

produttore (m)	produsen	[produsen]
distributore (m)	penyalur	[penjalur]
intermediario (m)	perantara	[perantara]

consulente (m)	konsultan	[konsultan]
rappresentante (m)	perwakilan penjualan	[perwakilan pendʒʲualan]
agente (m)	agen	[agen]
assicuratore (m)	agen asuransi	[agen asuransi]

87. Professioni amministrative

cuoco (m)	koki, juru masak	[koki], [dʒʲuru masaʔ]
capocuoco (m)	koki kepala	[koki kepala]

fornaio (m)	pembuat roti	[pembuat roti]
barista (m)	pelayan bar	[pelajan bar]
cameriere (m)	pelayan lelaki	[pelajan lelaki]
cameriera (f)	pelayan perempuan	[pelajan pərempuan]
avvocato (m)	advokat, pengacara	[advokat], [peɲatʃara]
esperto (m) legale	ahli hukum	[ahli hukum]
notaio (m)	notaris	[notaris]
elettricista (m)	tukang listrik	[tukaŋ listriʔ]
idraulico (m)	tukang pipa	[tukaŋ pipa]
falegname (m)	tukang kayu	[tukaŋ kaju]
massaggiatore (m)	tukang pijat lelaki	[tukaŋ pidʒʲat lelaki]
massaggiatrice (f)	tukang pijat perempuan	[tukaŋ pidʒʲat pərempuan]
medico (m)	dokter	[dokter]
taxista (m)	sopir taksi	[sopir taksi]
autista (m)	sopir	[sopir]
fattorino (m)	kurir	[kurir]
cameriera (f)	pelayan kamar	[pelajan kamar]
guardia (f) giurata	satpam, pengawal	[satpam], [peɲawal]
hostess (f)	pramugari	[pramugari]
insegnante (m, f)	guru	[guru]
bibliotecario (m)	pustakawan	[pustakawan]
traduttore (m)	penerjemah	[penerdʒʲemah]
interprete (m)	juru bahasa	[dʒʲuru bahasa]
guida (f)	pemandu wisata	[pemandu wisata]
parrucchiere (m)	tukang cukur	[tukaŋ tʃukur]
postino (m)	tukang pos	[tukaŋ pos]
commesso (m)	pramuniaga	[pramuniaga]
giardiniere (m)	tukang kebun	[tukaŋ kebun]
domestico (m)	pramuwisma	[pramuwisma]
domestica (f)	pramuwisma	[pramuwisma]
donna (f) delle pulizie	pembersih ruangan	[pembersih ruaŋan]

88. Professioni militari e gradi

soldato (m) semplice	prajurit	[pradʒʲurit]
sergente (m)	sersan	[sersan]
tenente (m)	letnan	[letnan]
capitano (m)	kapten	[kapten]
maggiore (m)	mayor	[major]
colonnello (m)	kolonel	[kolonel]
generale (m)	jenderal	[dʒʲenderal]
maresciallo (m)	marsekal	[marsekal]
ammiraglio (m)	laksamana	[laksamana]
militare (m)	anggota militer	[aŋgota militer]
soldato (m)	tentara, serdadu	[tentara], [serdadu]

ufficiale (m)	perwira	[pərwira]
comandante (m)	komandan	[komandan]
guardia (f) di frontiera	penjaga perbatasan	[pendʒʲaga pərbatasan]
marconista (m)	operator radio	[operator radio]
esploratore (m)	pengintai	[peɲintaj]
geniere (m)	pencari ranjau	[pentʃari randʒʲau]
tiratore (m)	petembak	[petembaʔ]
navigatore (m)	navigator, penavigasi	[navigator], [penavigasi]

89. Funzionari. Sacerdoti

re (m)	raja	[radʒʲa]
regina (f)	ratu	[ratu]
principe (m)	pangeran	[paŋeran]
principessa (f)	putri	[putri]
zar (m)	tsar, raja	[tsar], [radʒʲa]
zarina (f)	tsarina, ratu	[tsarina], [ratu]
presidente (m)	presiden	[presiden]
ministro (m)	Menteri Sekretaris	[mənteri sekretaris]
primo ministro (m)	perdana menteri	[pərdana menteri]
senatore (m)	senator	[senator]
diplomatico (m)	diplomat	[diplomat]
console (m)	konsul	[konsul]
ambasciatore (m)	duta besar	[duta besar]
consigliere (m)	penasihat	[penasihat]
funzionario (m)	petugas	[petugas]
prefetto (m)	prefek	[prefeʔ]
sindaco (m)	walikota	[walikota]
giudice (m)	hakim	[hakim]
procuratore (m)	kejaksaan negeri	[kedʒʲaksaʔan negeri]
missionario (m)	misionaris	[misionaris]
monaco (m)	biarawan, rahib	[biarawan], [rahib]
abate (m)	abbas	[abbas]
rabbino (m)	rabbi	[rabbi]
visir (m)	wazir	[wazir]
scià (m)	syah	[ʃah]
sceicco (m)	syeikh	[ʃejh]

90. Professioni agricole

apicoltore (m)	peternak lebah	[peternaʔ lebah]
pastore (m)	penggembala	[peŋgembala]
agronomo (m)	agronom	[agronom]

allevatore (m) di bestiame	peternak	[peterna?]
veterinario (m)	dokter hewan	[dokter hewan]
fattore (m)	petani	[petani]
vinificatore (m)	pembuat anggur	[pembuat aŋgur]
zoologo (m)	zoolog	[zoolog]
cowboy (m)	koboi	[koboi]

91. Professioni artistiche

attore (m)	aktor	[aktor]
attrice (f)	aktris	[aktris]
cantante (m)	biduan	[biduan]
cantante (f)	biduanita	[biduanita]
danzatore (m)	penari lelaki	[penari lelaki]
ballerina (f)	penari perempuan	[penari pərempuan]
artista (m)	artis	[artis]
artista (f)	artis	[artis]
musicista (m)	musisi, musikus	[musisi], [musikus]
pianista (m)	pianis	[pianis]
chitarrista (m)	pemain gitar	[pemajn gitar]
direttore (m) d'orchestra	konduktor	[konduktor]
compositore (m)	komposer, komponis	[komposer], [komponis]
impresario (m)	impresario	[impresario]
regista (m)	sutradara	[sutradara]
produttore (m)	produser	[produser]
sceneggiatore (m)	penulis skenario	[penulis skenario]
critico (m)	kritikus	[kritikus]
scrittore (m)	penulis	[penulis]
poeta (m)	penyair	[penjajr]
scultore (m)	pematung	[pematuŋ]
pittore (m)	perupa	[pərupa]
giocoliere (m)	juggler	[dʒˡuggler]
pagliaccio (m)	badut	[badut]
acrobata (m)	akrobat	[akrobat]
prestigiatore (m)	pesulap	[pesulap]

92. Professioni varie

medico (m)	dokter	[dokter]
infermiera (f)	suster, juru rawat	[suster], [dʒˡuru rawat]
psichiatra (m)	psikiater	[psikiater]
dentista (m)	dokter gigi	[dokter gigi]
chirurgo (m)	dokter bedah	[dokter bedah]

astronauta (m)	**astronaut**	[astronaut]
astronomo (m)	**astronom**	[astronom]
pilota (m)	**pilot**	[pilot]
autista (m)	**sopir**	[sopir]
macchinista (m)	**masinis**	[masinis]
meccanico (m)	**mekanik**	[mekaniʔ]
minatore (m)	**penambang**	[penambaŋ]
operaio (m)	**buruh, pekerja**	[buruh], [pekerdʒˈa]
operaio (m) metallurgico	**tukang kikir**	[tukaŋ kikir]
falegname (m)	**tukang kayu**	[tukaŋ kaju]
tornitore (m)	**tukang bubut**	[tukaŋ bubut]
operaio (m) edile	**buruh bangunan**	[buruh baŋunan]
saldatore (m)	**tukang las**	[tukaŋ las]
professore (m)	**profesor**	[profesor]
architetto (m)	**arsitek**	[arsiteʔ]
storico (m)	**sejarawan**	[sedʒˈarawan]
scienziato (m)	**ilmuwan**	[ilmuwan]
fisico (m)	**fisikawan**	[fisikawan]
chimico (m)	**kimiawan**	[kimiawan]
archeologo (m)	**arkeolog**	[arkeolog]
geologo (m)	**geolog**	[geolog]
ricercatore (m)	**periset, peneliti**	[pəriset], [peneliti]
baby-sitter (m, f)	**pengasuh anak**	[peɲasuh anaʔ]
insegnante (m, f)	**guru, pendidik**	[guru], [pendidiʔ]
redattore (m)	**editor, penyunting**	[editor], [penyuntiŋ]
redattore capo (m)	**editor kepala**	[editor kepala]
corrispondente (m)	**koresponden**	[koresponden]
dattilografa (f)	**juru ketik**	[dʒˈuru ketiʔ]
designer (m)	**desainer, perancang**	[desajner], [pərantʃaŋ]
esperto (m) informatico	**ahli komputer**	[ahli komputer]
programmatore (m)	**pemrogram**	[pemrogram]
ingegnere (m)	**insinyur**	[insinyur]
marittimo (m)	**pelaut**	[pelaut]
marinaio (m)	**kelasi**	[kelasi]
soccorritore (m)	**penyelamat**	[penjelamat]
pompiere (m)	**pemadam kebakaran**	[pemadam kebakaran]
poliziotto (m)	**polisi**	[polisi]
guardiano (m)	**penjaga**	[pendʒˈaga]
detective (m)	**detektif**	[detektif]
doganiere (m)	**petugas pabean**	[petugas pabean]
guardia (f) del corpo	**pengawal pribadi**	[peŋawal pribadi]
guardia (f) carceraria	**sipir, penjaga penjara**	[sipir], [pendʒˈaga pendʒˈara]
ispettore (m)	**inspektur**	[inspektur]
sportivo (m)	**olahragawan**	[olahragawan]
allenatore (m)	**pelatih**	[pelatih]

macellaio (m)	tukang daging	[tukaŋ dagiŋ]
calzolaio (m)	tukang sepatu	[tukaŋ sepatu]
uomo (m) d'affari	pedagang	[pedagaŋ]
caricatore (m)	kuli	[kuli]
stilista (m)	perancang busana	[perantʃaŋ busana]
modella (f)	peragawati	[peragawati]

93. Attività lavorative. Condizione sociale

scolaro (m)	siswa	[siswa]
studente (m)	mahasiswa	[mahasiswa]
filosofo (m)	filsuf	[filsuf]
economista (m)	ahli ekonomi	[ahli ekonomi]
inventore (m)	penemu	[penemu]
disoccupato (m)	pengganggur	[peŋgaŋgur]
pensionato (m)	pensiunan	[pensiunan]
spia (f)	mata-mata	[mata-mata]
detenuto (m)	tahanan	[tahanan]
scioperante (m)	pemogok	[pemogoʔ]
burocrate (m)	birokrat	[birokrat]
viaggiatore (m)	pelancong	[pelantʃoŋ]
omosessuale (m)	homo, homoseksual	[homo], [homoseksual]
hacker (m)	peretas	[peretas]
hippy (m, f)	hipi	[hipi]
bandito (m)	bandit	[bandit]
sicario (m)	pembunuh bayaran	[pembunuh bajaran]
drogato (m)	pecandu narkoba	[petʃandu narkoba]
trafficante (m) di droga	pengedar narkoba	[peŋedar narkoba]
prostituta (f)	pelacur	[pelatʃur]
magnaccia (m)	germo	[germo]
stregone (m)	penyihir lelaki	[penjihir lelaki]
strega (f)	penyihir perempuan	[penjihir perempuan]
pirata (m)	bajak laut	[badʒiaʔ laut]
schiavo (m)	budak	[budaʔ]
samurai (m)	samurai	[samuraj]
selvaggio (m)	orang primitif	[oraŋ primitif]

Istruzione

94. Scuola

scuola (f)	sekolah	[sekolah]
direttore (m) di scuola	kepala sekolah	[kepala sekolah]
allievo (m)	murid laki-laki	[murid laki-laki]
allieva (f)	murid perempuan	[murid perempuan]
scolaro (m)	siswa	[siswa]
scolara (f)	siswi	[siswi]
insegnare (qn)	mengajar	[meŋadʒʲar]
imparare (una lingua)	belajar	[beladʒʲar]
imparare a memoria	menghafalkan	[meŋhafalkan]
studiare (vi)	belajar	[beladʒʲar]
frequentare la scuola	bersekolah	[bersekolah]
andare a scuola	ke sekolah	[ke sekolah]
alfabeto (m)	alfabet, abjad	[alfabet], [abdʒʲad]
materia (f)	subjek, mata pelajaran	[subdʒʲek], [mata peladʒʲaran]
classe (f)	ruang kelas	[ruaŋ kelas]
lezione (f)	pelajaran	[peladʒʲaran]
ricreazione (f)	waktu istirahat	[waktu istirahat]
campanella (f)	lonceng	[lontʃeŋ]
banco (m)	bangku sekolah	[baŋku sekolah]
lavagna (f)	papan tulis hitam	[papan tulis hitam]
voto (m)	nilai	[nilaj]
voto (m) alto	nilai baik	[nilaj bajʔ]
voto (m) basso	nilai jelek	[nilaj dʒʲeleʔ]
dare un voto	memberikan nilai	[memberikan nilaj]
errore (m)	kesalahan	[kesalahan]
fare errori	melakukan kesalahan	[melakukan kesalahan]
correggere (vt)	mengoreksi	[meŋoreksi]
bigliettino (m)	contekan	[tʃontekan]
compiti (m pl)	pekerjaan rumah	[pekerdʒʲaʔan rumah]
esercizio (m)	latihan	[latihan]
essere presente	hadir	[hadir]
essere assente	absen, tidak hadir	[absen], [tidaʔ hadir]
mancare le lezioni	absen dari sekolah	[absen dari sekolah]
punire (vt)	menghukum	[meŋhukum]
punizione (f)	hukuman	[hukuman]
comportamento (m)	perilaku	[perilaku]

pagella (f)	rapor	[rapor]
matita (f)	pensil	[pensil]
gomma (f) per cancellare	karet penghapus	[karet peŋhapus]
gesso (m)	kapur	[kapur]
astuccio (m) portamatite	kotak pensil	[kotaʔ pensil]
cartella (f)	tas sekolah	[tas sekolah]
penna (f)	pen	[pen]
quaderno (m)	buku tulis	[buku tulis]
manuale (m)	buku pelajaran	[buku peladʒʲaran]
compasso (m)	paser, jangka	[paser], [dʒʲaŋka]
disegnare (tracciare)	menggambar	[məŋgambar]
disegno (m) tecnico	gambar teknik	[gambar tekniʔ]
poesia (f)	puisi, sajak	[puisi], [sadʒʲaʔ]
a memoria	hafal	[hafal]
imparare a memoria	menghafalkan	[məŋhafalkan]
vacanze (f pl) scolastiche	liburan sekolah	[liburan sekolah]
essere in vacanza	berlibur	[bərlibur]
passare le vacanze	menjalani liburan	[məndʒʲalani liburan]
prova (f) scritta	tes, kuis	[tes], [kuis]
composizione (f)	esai, karangan	[esaj], [karaŋan]
dettato (m)	dikte	[dikte]
esame (m)	ujian	[udʒian]
sostenere un esame	menempuh ujian	[mənempuh udʒian]
esperimento (m)	eksperimen	[eksperimen]

95. Istituto superiore. Università

accademia (f)	akademi	[akademi]
università (f)	universitas	[universitas]
facoltà (f)	fakultas	[fakultas]
studente (m)	mahasiswa	[mahasiswa]
studentessa (f)	mahasiswi	[mahasiswi]
docente (m, f)	dosen	[dosen]
aula (f)	ruang kuliah	[ruaŋ kuliah]
diplomato (m)	lulusan	[lulusan]
diploma (m)	ijazah	[idʒʲazah]
tesi (f)	disertasi	[disertasi]
ricerca (f)	penelitian	[penelitian]
laboratorio (m)	laboratorium	[laboratorium]
lezione (f)	kuliah	[kuliah]
compagno (m) di corso	rekan sekuliah	[rekan sekuliah]
borsa (f) di studio	beasiswa	[beasiswa]
titolo (m) accademico	gelar akademik	[gelar akademiʔ]

96. Scienze. Discipline

matematica (f)	matematika	[matematika]
algebra (f)	aljabar	[aldʒˈabar]
geometria (f)	geometri	[geometri]

astronomia (f)	astronomi	[astronomi]
biologia (f)	biologi	[biologi]
geografia (f)	geografi	[geografi]
geologia (f)	geologi	[geologi]
storia (f)	sejarah	[sedʒˈarah]

medicina (f)	kedokteran	[kedokteran]
pedagogia (f)	pedagogi	[pedagogi]
diritto (m)	hukum	[hukum]

fisica (f)	fisika	[fisika]
chimica (f)	kimia	[kimia]
filosofia (f)	filsafat	[filsafat]
psicologia (f)	psikologi	[psikologi]

97. Sistema di scrittura. Ortografia

grammatica (f)	tatabahasa	[tatabahasa]
lessico (m)	kosakata	[kosakata]
fonetica (f)	fonetik	[fonetiʔ]

sostantivo (m)	nomina	[nomina]
aggettivo (m)	adjektiva	[adʒˈektiva]
verbo (m)	verba	[verba]
avverbio (m)	adverbia	[adverbia]

pronome (m)	kata ganti	[kata ganti]
interiezione (f)	kata seru	[kata seru]
preposizione (f)	preposisi, kata depan	[preposisi], [kata depan]

radice (f)	kata dasar	[kata dasar]
desinenza (f)	akhiran	[ahiran]
prefisso (m)	prefiks, awalan	[prefiks], [awalan]
sillaba (f)	suku kata	[suku kata]
suffisso (m)	sufiks, akhiran	[sufiks], [ahiran]

| accento (m) | tanda tekanan | [tanda tekanan] |
| apostrofo (m) | apostrofi | [apostrofi] |

punto (m)	titik	[titiʔ]
virgola (f)	koma	[koma]
punto (m) e virgola	titik koma	[titiʔ koma]
due punti	titik dua	[titiʔ dua]
puntini di sospensione	elipsis, lesapan	[elipsis], [lesapan]

| punto (m) interrogativo | tanda tanya | [tanda tanja] |
| punto (m) esclamativo | tanda seru | [tanda seru] |

virgolette (f pl)	tanda petik	[tanda petiʔ]
tra virgolette	dalam tanda petik	[dalam tanda petiʔ]
parentesi (f pl)	tanda kurung	[tanda kuruŋ]
tra parentesi	dalam tanda kurung	[dalam tanda kuruŋ]
trattino (m)	tanda pisah	[tanda pisah]
lineetta (f)	tanda hubung	[tanda hubuŋ]
spazio (m) (tra due parole)	spasi	[spasi]
lettera (f)	huruf	[huruf]
lettera (f) maiuscola	huruf kapital	[huruf kapital]
vocale (f)	vokal	[vokal]
consonante (f)	konsonan	[konsonan]
proposizione (f)	kalimat	[kalimat]
soggetto (m)	subjek	[subdʒʲeʔ]
predicato (m)	predikat	[predikat]
riga (f)	baris	[baris]
a capo	di baris baru	[di baris baru]
capoverso (m)	alinea, paragraf	[alinea], [paragraf]
parola (f)	kata	[kata]
gruppo (m) di parole	rangkaian kata	[raŋkajan kata]
espressione (f)	ungkapan	[uŋkapan]
sinonimo (m)	sinonim	[sinonim]
antonimo (m)	antonim	[antonim]
regola (f)	peraturan	[pəraturan]
eccezione (f)	perkecualian	[pərketʃualian]
giusto (corretto)	benar, betul	[benar], [betul]
coniugazione (f)	konjugasi	[kondʒʲugasi]
declinazione (f)	deklinasi	[deklinasi]
caso (m) nominativo	kasus nominal	[kasus nominal]
domanda (f)	pertanyaan	[pərtanjaʔan]
sottolineare (vt)	menggaris bawahi	[məŋgaris bawahi]
linea (f) tratteggiata	garis bertitik	[garis bərtitiʔ]

98. Lingue straniere

lingua (f)	bahasa	[bahasa]
straniero (agg)	asing	[asiŋ]
lingua (f) straniera	bahasa asing	[bahasa asiŋ]
studiare (vt)	mempelajari	[mempeladʒʲari]
imparare (una lingua)	belajar	[beladʒʲar]
leggere (vi, vt)	membaca	[membatʃa]
parlare (vi, vt)	berbicara	[bərbitʃara]
capire (vt)	mengerti	[məŋerti]
scrivere (vi, vt)	menulis	[mənulis]
rapidamente	cepat, fasih	[tʃepat], [fasih]
lentamente	perlahan-lahan	[pərlahan-lahan]

correntemente	fasih	[fasih]
regole (f pl)	peraturan	[pəraturan]
grammatica (f)	tatabahasa	[tatabahasa]
lessico (m)	kosakata	[kosakata]
fonetica (f)	fonetik	[foneti?]
manuale (m)	buku pelajaran	[buku pelaʤʲaran]
dizionario (m)	kamus	[kamus]
manuale (m) autodidattico	buku autodidak	[buku autodida?]
frasario (m)	panduan percakapan	[panduan pərʧakapan]
cassetta (f)	kaset	[kaset]
videocassetta (f)	kaset video	[kaset video]
CD (m)	cakram kompak	[ʧakram kompa?]
DVD (m)	cakram DVD	[ʧakram di-vi-di]
alfabeto (m)	alfabet, abjad	[alfabet], [abʤʲad]
compitare (vt)	mengeja	[məŋeʤʲa]
pronuncia (f)	pelafalan	[pelafalan]
accento (m)	aksen	[aksen]
con un accento	dengan aksen	[deŋan aksen]
senza accento	tanpa aksen	[tanpa aksen]
vocabolo (m)	kata	[kata]
significato (m)	arti	[arti]
corso (m) (~ di francese)	kursus	[kursus]
iscriversi (vr)	Mendaftar	[məndaftar]
insegnante (m, f)	guru	[guru]
traduzione (f) (fare una ~)	penerjemahan	[penerʤʲemahan]
traduzione (f) (un testo)	terjemahan	[tərʤʲemahan]
traduttore (m)	penerjemah	[penerʤʲemah]
interprete (m)	juru bahasa	[ʤʲuru bahasa]
poliglotta (m)	poliglot	[poliglot]
memoria (f)	memori, daya ingat	[memori], [daja iŋat]

Ristorante. Intrattenimento. Viaggi

99. Escursione. Viaggio

turismo (m)	pariwisata	[pariwisata]
turista (m)	turis, wisatawan	[turis], [wisatawan]
viaggio (m) (all'estero)	pengembaraan	[peɲembara'an]
avventura (f)	petualangan	[petualaŋan]
viaggio (m) (corto)	perjalanan, lawatan	[pərdʒ'alanan], [lawatan]
vacanza (f)	liburan	[liburan]
essere in vacanza	berlibur	[bərlibur]
riposo (m)	istirahat	[istirahat]
treno (m)	kereta api	[kereta api]
in treno	naik kereta api	[nai' kereta api]
aereo (m)	pesawat terbang	[pesawat tərbaŋ]
in aereo	naik pesawat terbang	[nai' pesawat tərbaŋ]
in macchina	naik mobil	[nai' mobil]
in nave	naik kapal	[nai' kapal]
bagaglio (m)	bagasi	[bagasi]
valigia (f)	koper	[koper]
carrello (m)	troli bagasi	[troli bagasi]
passaporto (m)	paspor	[paspor]
visto (m)	visa	[visa]
biglietto (m)	tiket	[tiket]
biglietto (m) aereo	tiket pesawat terbang	[tiket pesawat tərbaŋ]
guida (f)	buku pedoman	[buku pedoman]
carta (f) geografica	peta	[peta]
località (f)	kawasan	[kawasan]
luogo (m)	tempat	[tempat]
ogetti (m pl) esotici	keeksotisan	[keeksotisan]
esotico (agg)	eksotis	[eksotis]
sorprendente (agg)	menakjubkan	[mənakdʒ'ubkan]
gruppo (m)	kelompok	[kelompo']
escursione (f)	ekskursi	[ekskursi]
guida (f) (cicerone)	pemandu wisata	[pemandu wisata]

100. Hotel

albergo, hotel (m)	hotel	[hotel]
motel (m)	motel	[motel]
tre stelle	bintang tiga	[bintaŋ tiga]

cinque stelle	bintang lima	[bintaŋ lima]
alloggiare (vi)	menginap	[məŋinap]
camera (f)	kamar	[kamar]
camera (f) singola	kamar tunggal	[kamar tuŋgal]
camera (f) doppia	kamar ganda	[kamar ganda]
prenotare una camera	memesan kamar	[memesan kamar]
mezza pensione (f)	sewa setengah	[sewa setəŋah]
pensione (f) completa	sewa penuh	[sewa penuh]
con bagno	dengan kamar mandi	[deŋan kamar mandi]
con doccia	dengan pancuran	[deŋan pantʃuran]
televisione (f) satellitare	televisi satelit	[televisi satelit]
condizionatore (m)	penyejuk udara	[penjedʒⁱuʔ udara]
asciugamano (m)	handuk	[handuʔ]
chiave (f)	kunci	[kuntʃi]
amministratore (m)	administrator	[administrator]
cameriera (f)	pelayan kamar	[pelajan kamar]
portabagagli (m)	porter	[porter]
portiere (m)	pramupintu	[pramupintu]
ristorante (m)	restoran	[restoran]
bar (m)	bar	[bar]
colazione (f)	makan pagi, sarapan	[makan pagi], [sarapan]
cena (f)	makan malam	[makan malam]
buffet (m)	prasmanan	[prasmanan]
hall (f) (atrio d'ingresso)	lobi	[lobi]
ascensore (m)	elevator	[elevator]
NON DISTURBARE	**JANGAN MENGGANGGU**	[dʒⁱaɲan məŋgaŋgu]
VIETATO FUMARE!	**DILARANG MEROKOK!**	[dilaraŋ merokoʔ!]

ATTREZZATURA TECNICA. MEZZI DI TRASPORTO

Attrezzatura tecnica

101. Computer

computer (m)	komputer	[komputer]
computer (m) portatile	laptop	[laptop]
accendere (vt)	menyalakan	[mənjalakan]
spegnere (vt)	mematikan	[mematikan]
tastiera (f)	keyboard, papan tombol	[keybor], [papan tombol]
tasto (m)	tombol	[tombol]
mouse (m)	tetikus	[tetikus]
tappetino (m) del mouse	bantal tetikus	[bantal tetikus]
tasto (m)	tombol	[tombol]
cursore (m)	kursor	[kursor]
monitor (m)	monitor	[monitor]
schermo (m)	layar	[lajar]
disco (m) rigido	hard disk, cakram keras	[hard disk], [tʃakram keras]
spazio (m) sul disco rigido	kapasitas cakram keras	[kapasitas tʃakram keras]
memoria (f)	memori	[memori]
memoria (f) operativa	memori akses acak	[memori akses atʃaʔ]
file (m)	file, berkas	[file], [bərkas]
cartella (f)	folder	[folder]
aprire (vt)	membuka	[məmbuka]
chiudere (vt)	menutup	[mənutup]
salvare (vt)	menyimpan	[mənjimpan]
eliminare (vt)	menghapus	[məŋhapus]
copiare (vt)	menyalin	[mənjalin]
ordinare (vt)	menyortir	[mənjortir]
trasferire (vt)	mentransfer	[məntransfer]
programma (m)	program	[program]
software (m)	perangkat lunak	[pəraŋkat lunaʔ]
programmatore (m)	pemrogram	[pemrogram]
programmare (vt)	memprogram	[memprogram]
hacker (m)	peretas	[pəretas]
password (f)	kata sandi	[kata sandi]
virus (m)	virus	[virus]
trovare (un virus, ecc.)	mendeteksi	[məndeteksi]
byte (m)	bita	[bita]

megabyte (m)	megabita	[megabita]
dati (m pl)	data	[data]
database (m)	basis data, pangkalan data	[basis data], [paŋkalan data]
cavo (m)	kabel	[kabel]
sconnettere (vt)	melepaskan	[melepaskan]
collegare (vt)	menyambungkan	[mənjambuŋkan]

102. Internet. Posta elettronica

internet (f)	Internet	[internet]
navigatore (m)	peramban	[peramban]
motore (m) di ricerca	mesin telusur	[mesin telusur]
provider (m)	provider	[provider]
webmaster (m)	webmaster, perancang web	[webmaster], [perantʃaŋ web]
sito web (m)	situs web	[situs web]
pagina web (f)	halaman web	[halaman web]
indirizzo (m)	alamat	[alamat]
rubrica (f) indirizzi	buku alamat	[buku alamat]
casella (f) di posta	kotak surat	[kotaʔ surat]
posta (f)	surat	[surat]
troppo piena (agg)	penuh	[penuh]
messaggio (m)	pesan	[pesan]
messaggi (m pl) in arrivo	pesan masuk	[pesan masuʔ]
messaggi (m pl) in uscita	pesan keluar	[pesan keluar]
mittente (m)	pengirim	[peŋirim]
inviare (vt)	mengirim	[məŋirim]
invio (m)	pengiriman	[peŋiriman]
destinatario (m)	penerima	[penerima]
ricevere (vt)	menerima	[mənerima]
corrispondenza (f)	surat-menyurat	[surat-menyurat]
essere in corrispondenza	surat-menyurat	[surat-menyurat]
file (m)	file, berkas	[file], [bərkas]
scaricare (vt)	mengunduh	[məŋunduh]
creare (vt)	membuat	[membuat]
eliminare (vt)	menghapus	[məŋhapus]
eliminato (agg)	terhapus	[tərhapus]
connessione (f)	koneksi	[koneksi]
velocità (f)	kecepatan	[ketʃepatan]
modem (m)	modem	[modem]
accesso (m)	akses	[akses]
porta (f)	porta	[porta]
collegamento (m)	koneksi	[koneksi]
collegarsi a …	terhubung ke …	[tərhubuŋ ke …]

| scegliere (vt) | memilih | [memilih] |
| cercare (vt) | mencari ... | [məntʃari ...] |

103. Elettricità

elettricità (f)	listrik	[listriʔ]
elettrico (agg)	listrik	[listriʔ]
centrale (f) elettrica	pembangkit listrik	[pembaŋkit listriʔ]
energia (f)	energi, tenaga	[energi], [tenaga]
energia (f) elettrica	tenaga listrik	[tenaga listriʔ]

lampadina (f)	bohlam	[bohlam]
torcia (f) elettrica	lentera	[lentera]
lampione (m)	lampu jalan	[lampu dʒialan]

luce (f)	lampu	[lampu]
accendere (luce)	menyalakan	[mənjalakan]
spegnere (vt)	mematikan	[mematikan]
spegnere la luce	mematikan lampu	[mematikan lampu]

fulminarsi (vr)	mati	[mati]
corto circuito (m)	korsleting	[korsletiŋ]
rottura (f) (~ di un cavo)	kabel putus	[kabel putus]
contatto (m)	kontak	[kontaʔ]

interruttore (m)	sakelar	[sakelar]
presa (f) elettrica	colokan	[tʃolokan]
spina (f)	steker	[steker]
prolunga (f)	kabel ekstensi	[kabel ekstensi]

fusibile (m)	sekering	[sekeriŋ]
filo (m)	kabel, kawat	[kabel], [kawat]
impianto (m) elettrico	rangkaian kabel	[raŋkajan kabel]

ampere (m)	ampere	[ampere]
intensità di corrente	kuat arus listrik	[kuat arus listriʔ]
volt (m)	volt	[volt]
tensione (f)	voltase	[voltase]

| apparecchio (m) elettrico | perkakas listrik | [pərkakas listriʔ] |
| indicatore (m) | indikator | [indikator] |

elettricista (m)	tukang listrik	[tukaŋ listriʔ]
saldare (vt)	mematri	[mematri]
saldatoio (m)	besi solder	[besi solder]
corrente (f)	arus listrik	[arus listriʔ]

104. Utensili

utensile (m)	alat	[alat]
utensili (m pl)	peralatan	[pəralatan]
impianto (m)	perlengkapan	[pərleŋkapan]

martello (m)	martil, palu	[martil], [palu]
giravite (m)	obeng	[obeŋ]
ascia (f)	kapak	[kapaʔ]

sega (f)	gergaji	[gergadʒi]
segare (vt)	menggergaji	[məŋgergadʒi]
pialla (f)	serut	[serut]
piallare (vt)	menyerut	[mənjerut]
saldatoio (m)	besi solder	[besi solder]
saldare (vt)	mematri	[mematri]

lima (f)	kikir	[kikir]
tenaglie (f pl)	tang	[taŋ]
pinza (f) a punte piatte	catut	[tʃatut]
scalpello (m)	pahat	[pahat]

punta (f) da trapano	mata bor	[mata bor]
trapano (m) elettrico	bor listrik	[bor listriʔ]
trapanare (vt)	mengebor	[məŋebor]

coltello (m)	pisau	[pisau]
lama (f)	mata pisau	[mata pisau]

affilato (coltello ~)	tajam	[tadʒ'am]
smussato (agg)	tumpul	[tumpul]
smussarsi (vr)	menjadi tumpul	[məndʒ'adi tumpul]
affilare (vt)	mengasah	[məŋasah]

bullone (m)	baut	[baut]
dado (m)	mur	[mur]
filettatura (f)	ulir	[ulir]
vite (f)	sekrup	[sekrup]

chiodo (m)	paku	[paku]
testa (f) di chiodo	paku payung	[paku pajuŋ]

regolo (m)	mistar, penggaris	[mistar], [peŋgaris]
nastro (m) metrico	meteran	[meteran]
livella (f)	pengukur kedataran	[peŋukur kedataran]
lente (f) d'ingradimento	kaca pembesar	[katʃa pembesar]

strumento (m) di misurazione	alat ukur	[alat ukur]
misurare (vt)	mengukur	[məŋukur]
scala (f) graduata	skala	[skala]
lettura, indicazione (f)	pencatatan	[pentʃatatan]

compressore (m)	kompresor	[kompresor]
microscopio (m)	mikroskop	[mikroskop]

pompa (f) (~ dell'acqua)	pompa	[pompa]
robot (m)	robot	[robot]
laser (m)	laser	[laser]

chiave (f)	kunci pas	[kuntʃi pas]
nastro (m) adesivo	selotip	[selotip]
colla (f)	lem	[lem]

carta (f) smerigliata	kertas amplas	[kertas amplas]
molla (f)	pegas, per	[pegas], [pər]
magnete (m)	magnet	[magnet]
guanti (m pl)	sarung tangan	[saruŋ taŋan]
corda (f)	tali	[tali]
cordone (m)	tambang, tali	[tambaŋ], [tali]
filo (m) (~ del telefono)	kabel, kawat	[kabel], [kawat]
cavo (m)	kabel, kawat	[kabel], [kawat]
mazza (f)	palu godam	[palu godam]
palanchino (m)	linggis	[liŋgis]
scala (f) a pioli	tangga	[taŋga]
scala (m) a libretto	tangga	[taŋga]
avvitare (stringere)	mengencangkan	[məŋentʃaŋkan]
svitare (vt)	mengendurkan	[məŋondurkan]
stringere (vt)	mengencangkan	[məŋentʃaŋkan]
incollare (vt)	menempelkan	[mənempelkan]
tagliare (vt)	memotong	[memotoŋ]
guasto (m)	malafungsi, kerusakan	[malafuŋsi], [kerusakan]
riparazione (f)	perbaikan	[pərbajkan]
riparare (vt)	mereparasi, memperbaiki	[mereparasi], [memperbajki]
regolare (~ uno strumento)	menyetel	[mənetel]
verificare (ispezionare)	memeriksa	[memeriksa]
controllo (m)	pemeriksaan	[pemeriksa'an]
lettura, indicazione (f)	pencatatan	[pentʃatatan]
sicuro (agg)	andal	[andal]
complesso (agg)	rumit	[rumit]
arrugginire (vi)	berkarat, karatan	[bərkarat], [karatan]
arrugginito (agg)	berkarat, karatan	[bərkarat], [karatan]
ruggine (f)	karat	[karat]

Mezzi di trasporto

105. Aeroplano

aereo (m)	pesawat terbang	[pesawat tərbaŋ]
biglietto (m) aereo	tiket pesawat terbang	[tiket pesawat tərbaŋ]
compagnia (f) aerea	maskapai penerbangan	[maskapaj penerbaŋan]
aeroporto (m)	bandara	[bandara]
supersonico (agg)	supersonik	[supersoniʔ]
comandante (m)	kapten	[kapten]
equipaggio (m)	awak	[awaʔ]
pilota (m)	pilot	[pilot]
hostess (f)	pramugari	[pramugari]
navigatore (m)	navigator, penavigasi	[navigator], [penavigasi]
ali (f pl)	sayap	[sajap]
coda (f)	ekor	[ekor]
cabina (f)	kokpit	[kokpit]
motore (m)	mesin	[mesin]
carrello (m) d'atterraggio	roda pendarat	[roda pendarat]
turbina (f)	turbin	[turbin]
elica (f)	baling-baling	[baliŋ-baliŋ]
scatola (f) nera	kotak hitam	[kotaʔ hitam]
barra (f) di comando	kemudi	[kemudi]
combustibile (m)	bahan bakar	[bahan bakar]
safety card (f)	instruksi keselamatan	[instruksi keselamatan]
maschera (f) ad ossigeno	masker oksigen	[masker oksigen]
uniforme (f)	seragam	[seragam]
giubbotto (m) di salvataggio	jaket pelampung	[dʒʲaket pelampuŋ]
paracadute (m)	parasut	[parasut]
decollo (m)	lepas landas	[lepas landas]
decollare (vi)	bertolak	[bertolaʔ]
pista (f) di decollo	jalur lepas landas	[dʒʲalur lepas landas]
visibilità (f)	visibilitas, pandangan	[visibilitas], [pandaŋan]
volo (m)	penerbangan	[penerbaŋan]
altitudine (f)	ketinggian	[ketiŋgian]
vuoto (m) d'aria	lubang udara	[lubaŋ udara]
posto (m)	tempat duduk	[tempat duduʔ]
cuffia (f)	headphone, fonkepala	[headphone], [fonkepala]
tavolinetto (m) pieghevole	meja lipat	[medʒʲa lipat]
oblò (m), finestrino (m)	jendela pesawat	[dʒʲendela pesawat]
corridoio (m)	lorong	[loroŋ]

106. Treno

treno (m)	kereta api	[kereta api]
elettrotreno (m)	kereta api listrik	[kereta api listri']
treno (m) rapido	kereta api cepat	[kereta api tʃepat]
locomotiva (f) diesel	lokomotif diesel	[lokomotif disel]
locomotiva (f) a vapore	lokomotif uap	[lokomotif uap]
carrozza (f)	gerbong penumpang	[gerboŋ penumpaŋ]
vagone (m) ristorante	gerbong makan	[gerboŋ makan]
rotaie (f pl)	rel	[rel]
ferrovia (f)	rel kereta api	[rel kereta api]
traversa (f)	bantalan rel	[bantalan rel]
banchina (f) (~ ferroviaria)	platform	[platform]
binario (m) (~ 1, 2)	jalur	[dʒʲalur]
semaforo (m)	semafor	[semafor]
stazione (f)	stasiun	[stasiun]
macchinista (m)	masinis	[masinis]
portabagagli (m)	porter	[porter]
cuccettista (m, f)	kondektur	[kondektur]
passeggero (m)	penumpang	[penumpaŋ]
controllore (m)	kondektur	[kondektur]
corridoio (m)	koridor	[koridor]
freno (m) di emergenza	rem darurat	[rem darurat]
scompartimento (m)	kabin	[kabin]
cuccetta (f)	bangku	[baŋku]
cuccetta (f) superiore	bangku atas	[baŋku atas]
cuccetta (f) inferiore	bangku bawah	[baŋku bawah]
biancheria (f) da letto	kain kasur	[kain kasur]
biglietto (m)	tiket	[tiket]
orario (m)	jadwal	[dʒʲadwal]
tabellone (m) orari	layar informasi	[lajar informasi]
partire (vi)	berangkat	[bəraŋkat]
partenza (f)	keberangkatan	[keberaŋkatan]
arrivare (di un treno)	datang	[dataŋ]
arrivo (m)	kedatangan	[kedataŋan]
arrivare con il treno	datang naik kereta api	[dataŋ naj' kereta api]
salire sul treno	naik ke kereta	[nai' ke kereta]
scendere dal treno	turun dari kereta	[turun dari kereta]
deragliamento (m)	kecelakaan kereta	[ketʃelaka'an kereta]
deragliare (vi)	keluar rel	[keluar rel]
locomotiva (f) a vapore	lokomotif uap	[lokomotif uap]
fuochista (m)	juru api	[dʒʲuru api]
forno (m)	tungku	[tuŋku]
carbone (m)	batu bara	[batu bara]

107. Nave

nave (f)	kapal	[kapal]
imbarcazione (f)	kapal	[kapal]

piroscafo (m)	kapal uap	[kapal uap]
barca (f) fluviale	kapal api	[kapal api]
transatlantico (m)	kapal laut	[kapal laut]
incrociatore (m)	kapal penjelajah	[kapal pendʒˈeladʒˈah]

yacht (m)	perahu pesiar	[pərahu pesiar]
rimorchiatore (m)	kapal tunda	[kapal tunda]
chiatta (f)	tongkang	[toŋkaŋ]
traghetto (m)	feri	[feri]

veliero (m)	kapal layar	[kapal lajar]
brigantino (m)	kapal brigantin	[kapal brigantin]

rompighiaccio (m)	kapal pemecah es	[kapal pemetʃah es]
sottomarino (m)	kapal selam	[kapal selam]

barca (f)	perahu	[pərahu]
scialuppa (f)	sekoci	[sekotʃi]
scialuppa (f) di salvataggio	sekoci penyelamat	[sekotʃi penjelamat]
motoscafo (m)	perahu motor	[pərahu motor]

capitano (m)	kapten	[kapten]
marittimo (m)	kelasi	[kelasi]
marinaio (m)	pelaut	[pelaut]
equipaggio (m)	awak	[awaʔ]

nostromo (m)	bosman, bosun	[bosman], [bosun]
mozzo (m) di nave	kadet laut	[kadet laut]
cuoco (m)	koki	[koki]
medico (m) di bordo	dokter kapal	[dokter kapal]

ponte (m)	dek	[deʔ]
albero (m)	tiang	[tiaŋ]
vela (f)	layar	[lajar]

stiva (f)	lambung kapal	[lambuŋ kapal]
prua (f)	haluan	[haluan]
poppa (f)	buritan	[buritan]
remo (m)	dayung	[dajuŋ]
elica (f)	baling-baling	[baliŋ-baliŋ]

cabina (f)	kabin	[kabin]
quadrato (m) degli ufficiali	ruang rekreasi	[ruaŋ rekreasi]
sala (f) macchine	ruang mesin	[ruaŋ mesin]
ponte (m) di comando	anjungan kapal	[andʒˈuŋan kapal]
cabina (f) radiotelegrafica	ruang radio	[ruaŋ radio]
onda (f)	gelombang radio	[gelombaŋ radio]
giornale (m) di bordo	buku harian kapal	[buku harian kapal]
cannocchiale (m)	teropong	[təropoŋ]
campana (f)	lonceng	[lontʃeŋ]

bandiera (f)	bendera	[bendera]
cavo (m) (~ d'ormeggio)	tali	[tali]
nodo (m)	simpul	[simpul]
ringhiera (f)	pegangan	[peganan]
passerella (f)	tangga kapal	[taŋga kapal]
ancora (f)	jangkar	[dʒʲaŋkar]
levare l'ancora	mengangkat jangkar	[mənaŋkat dʒʲaŋkar]
gettare l'ancora	menjatuhkan jangkar	[məndʒʲatuhkan dʒʲaŋkar]
catena (f) dell'ancora	rantai jangkar	[rantaj dʒʲaŋkar]
porto (m)	pelabuhan	[pelabuhan]
banchina (f)	dermaga	[dermaga]
ormeggiarsi (vr)	merapat	[merapat]
salpare (vi)	bertolak	[bərtolaʔ]
viaggio (m)	pengembaraan	[peŋembaraʔan]
crociera (f)	pesiar	[pesiar]
rotta (f)	haluan	[haluan]
itinerario (m)	rute	[rute]
secca (f)	beting	[betiŋ]
arenarsi (vr)	kandas	[kandas]
tempesta (f)	badai	[badaj]
segnale (m)	sinyal	[sinjal]
affondare (andare a fondo)	tenggelam	[teŋgelam]
Uomo in mare!	Orang hanyut!	[oraŋ hanyut!]
SOS	SOS	[es-o-es]
salvagente (m) anulare	pelampung penyelamat	[pelampuŋ penjelamat]

108. Aeroporto

aeroporto (m)	bandara	[bandara]
aereo (m)	pesawat terbang	[pesawat tərbaŋ]
compagnia (f) aerea	maskapai penerbangan	[maskapaj penerbaŋan]
controllore (m) di volo	pengawas lalu lintas udara	[peŋawas lalu lintas udara]
partenza (f)	keberangkatan	[keberaŋkatan]
arrivo (m)	kedatangan	[kedataŋan]
arrivare (vi)	datang	[dataŋ]
ora (f) di partenza	waktu keberangkatan	[waktu keberaŋkatan]
ora (f) di arrivo	waktu kedatangan	[waktu kedataŋan]
essere ritardato	terlambat	[tərlambat]
volo (m) ritardato	penundaan penerbangan	[penundaʔan penerbaŋan]
tabellone (m) orari	papan informasi	[papan informasi]
informazione (f)	informasi	[informasi]
annunciare (vt)	mengumumkan	[məŋumumkan]
volo (m)	penerbangan	[penerbaŋan]
dogana (f)	pabean	[pabean]

doganiere (m)	petugas pabean	[petugas pabean]
dichiarazione (f)	pernyataan pabean	[pərnjata'an pabean]
riempire	mengisi	[məɲisi]
(~ una dichiarazione)		
riempire una dichiarazione	**mengisi formulir bea cukai**	[məɲisi formulir bea tʃukaj]
controllo (m) passaporti	**pemeriksaan paspor**	[pemeriksa'an paspor]

bagaglio (m)	bagasi	[bagasi]
bagaglio (m) a mano	jinjingan	[dʒindʒiɲan]
carrello (m)	troli bagasi	[troli bagasi]

atterraggio (m)	pendaratan	[pendaratan]
pista (f) di atterraggio	jalur pendaratan	[dʒʲalur pendaratan]
atterrare (vi)	mendarat	[məndarat]
scaletta (f) dell'aereo	tangga pesawat	[taŋga pesawat]

check-in (m)	check-in	[tʃekin]
banco (m) del check-in	meja check-in	[medʒʲa tʃekin]
fare il check-in	check-in	[tʃekin]
carta (f) d'imbarco	kartu pas	[kartu pas]
porta (f) d'imbarco	gerbang keberangkatan	[gerbaŋ keberaŋkatan]

transito (m)	transit	[transit]
aspettare (vt)	menunggu	[mənuŋgu]
sala (f) d'attesa	ruang tunggu	[ruaŋ tuŋgu]
accompagnare (vt)	mengantar	[məɲantar]
congedarsi (vr)	berpamitan	[bərpamitan]

Situazioni quotidiane

109. Vacanze. Evento

festa (f)	perayaan	[pəraja'an]
festa (f) nazionale	hari besar nasional	[hari besar nasional]
festività (f) civile	hari libur	[hari libur]
festeggiare (vt)	merayakan	[merajakan]

avvenimento (m)	peristiwa, kejadian	[pəristiwa], [kedʒʲadian]
evento (m) (organizzare un ~)	acara	[atʃara]
banchetto (m)	banket	[banket]
ricevimento (m)	resepsi	[resepsi]
festino (m)	pesta	[pesta]

anniversario (m)	hari jadi, HUT	[hari dʒʲadi], [ha-u-te]
giubileo (m)	yubileum	[yubileum]
festeggiare (vt)	merayakan	[merajakan]

Capodanno (m)	Tahun Baru	[tahun baru]
Buon Anno!	Selamat Tahun Baru!	[selamat tahun baru!]
Babbo Natale (m)	Sinterklas	[sinterklas]

Natale (m)	Natal	[natal]
Buon Natale!	Selamat Hari Natal!	[selamat hari natal!]
Albero (m) di Natale	pohon Natal	[pohon natal]
fuochi (m pl) artificiali	kembang api	[kembaŋ api]

nozze (f pl)	pernikahan	[pərnikahan]
sposo (m)	mempelai lelaki	[mempelaj lelaki]
sposa (f)	mempelai perempuan	[mempelaj pərempuan]

invitare (vt)	mengundang	[məŋundaŋ]
invito (m)	kartu undangan	[kartu undaŋan]

ospite (m)	tamu	[tamu]
andare a trovare	mengunjungi	[məŋundʒʲuɲi]
accogliere gli invitati	menyambut tamu	[mənjambut tamu]

regalo (m)	hadiah	[hadiah]
offrire (~ un regalo)	memberi	[memberi]
ricevere i regali	menerima hadiah	[mənerima hadiah]
mazzo (m) di fiori	buket	[buket]

auguri (m pl)	ucapan selamat	[utʃapan selamat]
augurare (vt)	mengucapkan selamat	[mənutʃapkan selamat]

cartolina (f)	kartu ucapan selamat	[kartu utʃapan selamat]
mandare una cartolina	mengirim kartu pos	[məɲirim kartu pos]
ricevere una cartolina	menerima kartu pos	[mənerima kartu pos]

brindisi (m)	toas	[toas]
offrire (~ qualcosa da bere)	menawari	[mənawari]
champagne (m)	sampanye	[sampanje]
divertirsi (vr)	bersukaria	[bərsukaria]
allegria (f)	keriangan, kegembiraan	[kerianan], [kegembira'an]
gioia (f)	kegembiraan	[kegembira'an]
danza (f), ballo (m)	dansa, tari	[dansa], [tari]
ballare (vi, vt)	berdansa, menari	[bərdansa], [menari]
valzer (m)	wals	[wals]
tango (m)	tango	[taŋo]

110. Funerali. Sepoltura

cimitero (m)	pemakaman	[pemakaman]
tomba (f)	makam	[makam]
croce (f)	salib	[salib]
pietra (f) tombale	batu nisan	[batu nisan]
recinto (m)	pagar	[pagar]
cappella (f)	kapel	[kapel]
morte (f)	kematian	[kematian]
morire (vi)	mati, meninggal	[mati], [meniŋgal]
defunto (m)	almarhum	[almarhum]
lutto (m)	perkabungan	[pərkabuŋan]
seppellire (vt)	memakamkan	[memakamkan]
sede (f) di pompe funebri	rumah duka	[rumah duka]
funerale (m)	pemakaman	[pemakaman]
corona (f) di fiori	karangan bunga	[karaŋan buŋa]
bara (f)	keranda	[keranda]
carro (m) funebre	mobil jenazah	[mobil dʒʲenazah]
lenzuolo (m) funebre	kain kafan	[kain kafan]
corteo (m) funebre	prosesi pemakaman	[prosesi pemakaman]
urna (f) funeraria	guci abu jenazah	[gutʃi abu dʒʲenazah]
crematorio (m)	krematorium	[krematorium]
necrologio (m)	obituarium	[obituarium]
piangere (vi)	menangis	[mənaŋis]
singhiozzare (vi)	meratap	[meratap]

111. Guerra. Soldati

plotone (m)	peleton	[peleton]
compagnia (f)	kompi	[kompi]
reggimento (m)	resimen	[resimen]
esercito (m)	tentara	[tentara]
divisione (f)	divisi	[divisi]

distaccamento (m)	pasukan	[pasukan]
armata (f)	tentara	[tentara]
soldato (m)	tentara, serdadu	[tentara], [serdadu]
ufficiale (m)	perwira	[pərwira]
soldato (m) semplice	prajurit	[pradʒʲurit]
sergente (m)	sersan	[sersan]
tenente (m)	letnan	[letnan]
capitano (m)	kapten	[kapten]
maggiore (m)	mayor	[major]
colonnello (m)	kolonel	[kolonel]
generale (m)	jenderal	[dʒʲenderal]
marinaio (m)	pelaut	[pelaut]
capitano (m)	kapten	[kapten]
nostromo (m)	bosman, bosun	[bosman], [bosun]
artigliere (m)	tentara artileri	[tentara artileri]
paracadutista (m)	pasukan penerjun	[pasukan penerdʒʲun]
pilota (m)	pilot	[pilot]
navigatore (m)	navigator, penavigasi	[navigator], [penavigasi]
meccanico (m)	mekanik	[mekaniˀ]
geniere (m)	pencari ranjau	[pentʃari randʒʲau]
paracadutista (m)	parasutis	[parasutis]
esploratore (m)	pengintai	[peŋintaj]
cecchino (m)	penembak jitu	[penembaˀ dʒitu]
pattuglia (f)	patroli	[patroli]
pattugliare (vt)	berpatroli	[bərpatroli]
sentinella (f)	pengawal	[peŋawal]
guerriero (m)	prajurit	[pradʒʲurit]
patriota (m)	patriot	[patriot]
eroe (m)	pahlawan	[pahlawan]
eroina (f)	pahlawan wanita	[pahlawan wanita]
traditore (m)	pengkhianat	[peŋhianat]
tradire (vt)	mengkhianati	[məŋhianati]
disertore (m)	desertir	[desertir]
disertare (vi)	melakukan desersi	[melakukan desersi]
mercenario (m)	tentara bayaran	[tentara bajaran]
recluta (f)	rekrut, calon tentara	[rekrut], [tʃalon tentara]
volontario (m)	sukarelawan	[sukarelawan]
ucciso (m)	korban meninggal	[korban meniŋgal]
ferito (m)	korban luka	[korban luka]
prigioniero (m) di guerra	tawanan perang	[tawanan pəraŋ]

112. Guerra. Azioni militari. Parte 1

guerra (f)	perang	[peraŋ]
essere in guerra	berperang	[bərperaŋ]

guerra (f) civile	perang saudara	[pəraŋ saudara]
perfidamente	secara curang	[setʃara tʃuraŋ]
dichiarazione (f) di guerra	pernyataan perang	[pərnjata'an pəraŋ]
dichiarare (~ guerra)	menyatakan perang	[mənjatakan pəraŋ]
aggressione (f)	agresi	[agresi]
attaccare (vt)	menyerang	[məɲjeraŋ]
invadere (vt)	menduduki	[mənduduki]
invasore (m)	penduduk	[pendudu']
conquistatore (m)	penakluk	[penaklu']
difesa (f)	pertahanan	[pərtahanan]
difendere (~ un paese)	mempertahankan	[mempertahankan]
difendersi (vr)	bertahan ...	[bərtahan ...]
nemico (m)	musuh	[musuh]
avversario (m)	lawan	[lawan]
ostile (agg)	musuh	[musuh]
strategia (f)	strategi	[strategi]
tattica (f)	taktik	[takti']
ordine (m)	perintah	[pərintah]
comando (m)	perintah	[pərintah]
ordinare (vt)	memerintahkan	[memerintahkan]
missione (f)	tugas	[tugas]
segreto (agg)	rahasia	[rahasia]
battaglia (f)	pertempuran	[pərtempuran]
combattimento (m)	pertempuran	[pərtempuran]
attacco (m)	serangan	[seraŋan]
assalto (m)	serbuan	[serbuan]
assalire (vt)	menyerbu	[mənjerbu]
assedio (m)	kepungan	[kepuŋan]
offensiva (f)	serangan	[seraŋan]
passare all'offensiva	menyerang	[mənjeraŋ]
ritirata (f)	pengunduran	[peŋunduran]
ritirarsi (vr)	mundur	[mundur]
accerchiamento (m)	pengepungan	[peɲepuŋan]
accerchiare (vt)	mengepung	[məɲepuŋ]
bombardamento (m)	pengeboman	[peɲeboman]
lanciare una bomba	menjatuhkan bom	[məndʒatuhkan bom]
bombardare (vt)	mengebom	[məɲebom]
esplosione (f)	ledakan	[ledakan]
sparo (m)	tembakan	[tembakan]
sparare un colpo	melepaskan	[melepaskan]
sparatoria (f)	penembakan	[penembakan]
puntare su ...	membidik	[membidi']
puntare (~ una pistola)	mengarahkan	[məŋarahkan]

colpire (~ il bersaglio)	mengenai	[məɲenaj]
affondare (mandare a fondo)	menenggelamkan	[mənəŋgelamkan]
falla (f)	lubang	[lubaŋ]
affondare (andare a fondo)	karam	[karam]

fronte (m) (~ di guerra)	garis depan	[garis depan]
evacuazione (f)	evakuasi	[evakuasi]
evacuare (vt)	mengevakuasi	[məŋevakuasi]

trincea (f)	parit perlindungan	[parit pərlinduŋan]
filo (m) spinato	kawat berduri	[kawat bərduri]
sbarramento (m)	rintangan	[rintaŋan]
torretta (f) di osservazione	menara	[mənara]

ospedale (m) militare	rumah sakit militer	[rumah sakit militer]
ferire (vt)	melukai	[melukaj]
ferita (f)	luka	[luka]
ferito (m)	korban luka	[korban luka]
rimanere ferito	terluka	[tərluka]
grave (ferita ~)	parah	[parah]

113. Guerra. Azioni militari. Parte 2

prigionia (f)	tawanan	[tawanan]
fare prigioniero	menawan	[mənawan]
essere prigioniero	ditawan	[ditawan]
essere fatto prigioniero	tertawan	[tərtawan]

campo (m) di concentramento	kamp konsentrasi	[kamp konsentrasi]
prigioniero (m) di guerra	tawanan perang	[tawanan pəraŋ]
fuggire (vi)	melarikan diri	[melarikan diri]

tradire (vt)	mengkhianati	[məŋhianati]
traditore (m)	pengkhianat	[peŋhianat]
tradimento (m)	pengkhianatan	[peŋhianatan]

| fucilare (vt) | mengeksekusi | [məŋeksekusi] |
| fucilazione (f) | eksekusi | [eksekusi] |

divisa (f) militare	perlengkapan	[pərleŋkapan]
spallina (f)	epolet	[epolet]
maschera (f) antigas	masker gas	[masker gas]

radiotrasmettitore (m)	pemancar radio	[pemantʃar radio]
codice (m)	kode	[kode]
complotto (m)	kerahasiaan	[kerahasiaʔan]
parola (f) d'ordine	kata sandi	[kata sandi]

mina (f)	ranjau darat	[randʒʲau darat]
minare (~ la strada)	memasang ranjau	[memasaŋ randʒʲau]
campo (m) minato	padang yang dipenuhi ranjau	[padaŋ yaŋ dipenuhi randʒʲau]

| allarme (m) aereo | peringatan serangan udara | [pəriŋatan seraŋan udara] |
| allarme (m) | alarm serangan udara | [alarm seraŋan udara] |

segnale (m)	sinyal	[sinjal]
razzo (m) di segnalazione	roket sinyal	[roket sinjal]

quartier (m) generale	markas	[markas]
esplorazione (f)	pengintaian	[peŋintajan]
situazione (f)	keadaan	[keadaʔan]
rapporto (m)	laporan	[laporan]
agguato (m)	penyergapan	[penjergapan]
rinforzo (m)	bala bantuan	[bala bantuan]

bersaglio (m)	sasaran	[sasaran]
terreno (m) di caccia	lapangan tembak	[lapaŋan tembaʔ]
manovre (f pl)	latihan perang	[latihan pəraŋ]

panico (m)	panik	[paniʔ]
devastazione (f)	pengrusakan	[peŋrusakan]
distruzione (m)	penghancuran	[peŋhantʃuran]
distruggere (vt)	menghancurkan	[məŋhantʃurkan]

sopravvivere (vi, vt)	menyintas	[mənjintas]
disarmare (vt)	melucuti	[melutʃuti]
maneggiare (una pistola, ecc.)	mengendalikan	[məŋendalikan]

Attenti!	Siap!	[siap!]
Riposo!	Istirahat di tempat!	[istirahat di tempat!]

atto (m) eroico	keberanian	[keberanian]
giuramento (m)	sumpah	[sumpah]
giurare (vi)	bersumpah	[bərsumpah]

decorazione (f)	anugerah	[anugerah]
decorare (qn)	menganugerahi	[məŋanugerahi]
medaglia (f)	medali	[medali]
ordine (m) (~ al Merito)	bintang kehormatan	[bintaŋ kehormatan]

vittoria (f)	kemenangan	[kemenaŋan]
sconfitta (m)	kekalahan	[kekalahan]
armistizio (m)	gencatan senjata	[gentʃatan sendʒata]

bandiera (f)	bendera	[bendera]
gloria (f)	kehormatan	[kehormatan]
parata (f)	parade	[parade]
marciare (in parata)	berbaris	[bərbaris]

114. Armi

armi (f pl)	senjata	[sendʒata]
arma (f) da fuoco	senjata api	[sendʒata api]
arma (f) bianca	sejata tajam	[sedʒata tadʒam]

armi (f pl) chimiche	senjata kimia	[sendʒata kimia]
nucleare (agg)	nuklir	[nuklir]
armi (f pl) nucleari	senjata nuklir	[sendʒata nuklir]

bomba (f)	bom	[bom]
bomba (f) atomica	bom atom	[bom atom]
pistola (f)	pistol	[pistol]
fucile (m)	senapan	[senapan]
mitra (m)	senapan otomatis	[senapan otomatis]
mitragliatrice (f)	senapan mesin	[senapan mesin]
bocca (f)	moncong	[montʃoŋ]
canna (f)	laras	[laras]
calibro (m)	kaliber	[kaliber]
grilletto (m)	pelatuk	[pelatuʔ]
mirino (m)	pembidik	[pembidiʔ]
caricatore (m)	magasin	[magasin]
calcio (m)	pantat senapan	[pantat senapan]
bomba (f) a mano	granat tangan	[granat taŋan]
esplosivo (m)	bahan peledak	[bahan peledaʔ]
pallottola (f)	peluru	[peluru]
cartuccia (f)	patrun	[patrun]
carica (f)	isian	[isian]
munizioni (f pl)	amunisi	[amunisi]
bombardiere (m)	pesawat pengebom	[pesawat peŋebom]
aereo (m) da caccia	pesawat pemburu	[pesawat pemburu]
elicottero (m)	helikopter	[helikopter]
cannone (m) antiaereo	meriam penangkis serangan udara	[meriam penaŋkis seraŋan udara]
carro (m) armato	tank	[tanʔ]
cannone (m)	meriam tank	[meriam tanʔ]
artiglieria (f)	artileri	[artileri]
cannone (m)	meriam	[meriam]
mirare a …	mengarahkan	[meŋarahkan]
proiettile (m)	peluru	[peluru]
granata (f) da mortaio	peluru mortir	[peluru mortir]
mortaio (m)	mortir	[mortir]
scheggia (f)	serpihan	[serpihan]
sottomarino (m)	kapal selam	[kapal selam]
siluro (m)	torpedo	[torpedo]
missile (m)	rudal	[rudal]
caricare (~ una pistola)	mengisi	[məŋisi]
sparare (vi)	menembak	[mənembaʔ]
puntare su …	membidik	[membidiʔ]
baionetta (f)	bayonet	[bajonet]
spada (f)	pedang rapier	[pedaŋ rapier]
sciabola (f)	pedang saber	[pedaŋ saber]
lancia (f)	lembing	[lembiŋ]
arco (m)	busur panah	[busur panah]

freccia (f)	anak panah	[ana' panah]
moschetto (m)	senapan lantak	[senapan lanta']
balestra (f)	busur silang	[busur silaŋ]

115. Gli antichi

primitivo (agg)	primitif	[primitif]
preistorico (agg)	prasejarah	[prasedʒʲarah]
antico (agg)	kuno	[kuno]
Età (f) della pietra	Zaman Batu	[zaman batu]
Età (f) del bronzo	Zaman Perunggu	[zaman pəruŋgu]
epoca (f) glaciale	Zaman Es	[zaman es]
tribù (f)	suku	[suku]
cannibale (m)	kanibal	[kanibal]
cacciatore (m)	pemburu	[pemburu]
cacciare (vt)	berburu	[bərburu]
mammut (m)	mamut	[mamut]
caverna (f), grotta (f)	gua	[gua]
fuoco (m)	api	[api]
falò (m)	api unggun	[api uŋgun]
pittura (f) rupestre	lukisan gua	[lukisan gua]
strumento (m) di lavoro	alat kerja	[alat kerdʒʲa]
lancia (f)	tombak	[tomba']
ascia (f) di pietra	kapak batu	[kapa' batu]
essere in guerra	berperang	[bərperaŋ]
addomesticare (vt)	menjinakkan	[məndʒina'kan]
idolo (m)	berhala	[bərhala]
idolatrare (vt)	memuja	[memudʒʲa]
superstizione (f)	takhayul	[tahajul]
rito (m)	upacara	[upatʃara]
evoluzione (f)	evolusi	[evolusi]
sviluppo (m)	perkembangan	[pərkembaŋan]
estinzione (f)	kehilangan	[kehilaŋan]
adattarsi (vr)	menyesuaikan diri	[mənjesuajkan diri]
archeologia (f)	arkeologi	[arkeologi]
archeologo (m)	arkeolog	[arkeolog]
archeologico (agg)	arkeologis	[arkeologis]
sito (m) archeologico	situs ekskavasi	[situs ekskavasi]
scavi (m pl)	ekskavasi	[ekskavasi]
reperto (m)	penemuan	[penemuan]
frammento (m)	fragmen	[fragmen]

116. Il Medio Evo

popolo (m)	rakyat	[rakjat]
popoli (m pl)	bangsa-bangsa	[baŋsa-baŋsa]

tribù (f)	suku	[suku]
tribù (f pl)	suku-suku	[suku-suku]
barbari (m pl)	kaum barbar	[kaum barbar]
galli (m pl)	kaum Gaul	[kaum gaul]
goti (m pl)	kaum Goth	[kaum got]
slavi (m pl)	kaum Slavia	[kaum slavia]
vichinghi (m pl)	kaum Viking	[kaum vikiŋ]
romani (m pl)	kaum Roma	[kaum roma]
romano (agg)	Romawi	[romawi]
bizantini (m pl)	kaum Byzantium	[kaum bizantium]
Bisanzio (m)	Byzantium	[bizantium]
bizantino (agg)	Byzantium	[bizantium]
imperatore (m)	kaisar	[kajsar]
capo (m)	pemimpin	[pemimpin]
potente (un re ~)	adikuasa, berkuasa	[adikuasa], [bərkuasa]
re (m)	raja	[radʒʲa]
governante (m) (sovrano)	penguasa	[peŋuasa]
cavaliere (m)	ksatria	[ksatria]
feudatario (m)	tuan	[tuan]
feudale (agg)	feodal	[feodal]
vassallo (m)	vasal	[vasal]
duca (m)	duke	[duke]
conte (m)	earl	[earl]
barone (m)	baron	[baron]
vescovo (m)	uskup	[uskup]
armatura (f)	baju besi	[badʒʲu besi]
scudo (m)	perisai	[pərisaj]
spada (f)	pedang	[pedaŋ]
visiera (f)	visor, topeng besi	[visor], [topeŋ besi]
cotta (f) di maglia	baju zirah	[badʒʲu zirah]
crociata (f)	Perang Salib	[pəraŋ salib]
crociato (m)	kaum salib	[kaum salib]
territorio (m)	wilayah	[wilajah]
attaccare (vt)	menyerang	[məɲjeraŋ]
conquistare (vt)	menaklukkan	[mənaklu'kan]
occupare (invadere)	menduduki	[mənduduki]
assedio (m)	kepungan	[kepuŋan]
assediato (agg)	terkepung	[tərkepuŋ]
assediare (vt)	mengepung	[məŋepuŋ]
inquisizione (f)	inkuisisi	[inkuisisi]
inquisitore (m)	inkuisitor	[inkuisitor]
tortura (f)	siksaan	[siksa'an]
crudele (agg)	kejam	[kedʒʲam]
eretico (m)	penganut bidah	[peŋanut bidah]
eresia (f)	bidah	[bidah]

navigazione (f)	pelayaran laut	[pelajaran laut]
pirata (m)	bajak laut	[badʒiaʼ laut]
pirateria (f)	pembajakan	[pembadʒiakan]
arrembaggio (m)	serangan terhadap kapal dari dekat	[seraŋan tərhadap kapal dari dekat]
bottino (m)	rampasan	[rampasan]
tesori (m)	harta karun	[harta karun]
scoperta (f)	penemuan	[penemuan]
scoprire (~ nuove terre)	menemukan	[mənemukan]
spedizione (f)	ekspedisi	[ekspedisi]
moschettiere (m)	musketir	[musketir]
cardinale (m)	kardinal	[kardinal]
araldica (f)	heraldik	[heraldiʼ]
araldico (agg)	heraldik	[heraldiʼ]

117. Leader. Capo. Le autorità

re (m)	raja	[radʒia]
regina (f)	ratu	[ratu]
reale (agg)	kerajaan, raja	[keradʒiaʼan], [radʒia]
regno (m)	kerajaan	[keradʒiaʼan]
principe (m)	pangeran	[paŋeran]
principessa (f)	putri	[putri]
presidente (m)	presiden	[presiden]
vicepresidente (m)	wakil presiden	[wakil presiden]
senatore (m)	senator	[senator]
monarca (m)	monark	[monarʼ]
governante (m) (sovrano)	penguasa	[peŋuasa]
dittatore (m)	diktator	[diktator]
tiranno (m)	tiran	[tiran]
magnate (m)	magnat	[magnat]
direttore (m)	direktur	[direktur]
capo (m)	atasan	[atasan]
dirigente (m)	manajer	[manadʒier]
capo (m)	bos	[bos]
proprietario (m)	pemilik	[pemiliʼ]
leader (m)	pemimpin	[pemimpin]
capo (m) (~ delegazione)	kepala	[kepala]
autorità (f pl)	pihak berwenang	[pihaʼ bərwenaŋ]
superiori (m pl)	atasan	[atasan]
governatore (m)	gabernur	[gabernur]
console (m)	konsul	[konsul]
diplomatico (m)	diplomat	[diplomat]
sindaco (m)	walikota	[walikota]
sceriffo (m)	sheriff	[ʃeriff]
imperatore (m)	kaisar	[kajsar]

zar (m)	tsar, raja	[tsar], [radʒia]
faraone (m)	firaun	[firaun]
khan (m)	khan	[han]

118. Infrangere la legge. Criminali. Parte 1

bandito (m)	bandit	[bandit]
delitto (m)	kejahatan	[kedʒiahatan]
criminale (m)	penjahat	[pendʒiahat]
ladro (m)	pencuri	[pentʃuri]
rubare (vi, vt)	mencuri	[məntʃuri]
furto (m), ruberia (f)	pencurian	[pentʃurian]
rapire (vt)	menculik	[məntʃuliʔ]
rapimento (m)	penculikan	[pentʃulikan]
rapitore (m)	penculik	[pentʃuliʔ]
riscatto (m)	uang tebusan	[uaŋ tebusan]
chiedere il riscatto	menuntut uang tebusan	[mənuntut uaŋ tebusan]
rapinare (vt)	merampok	[merampoʔ]
rapina (f)	perampokan	[pərampokan]
rapinatore (m)	perampok	[pərampoʔ]
estorcere (vt)	memeras	[memeras]
estorsore (m)	pemeras	[pemeras]
estorsione (f)	pemerasan	[pemerasan]
uccidere (vt)	membunuh	[membunuh]
assassinio (m)	pembunuhan	[pembunuhan]
assassino (m)	pembunuh	[pembunuh]
sparo (m)	tembakan	[tembakan]
tirare un colpo	melepaskan	[melepaskan]
abbattere (con armi da fuoco)	menembak mati	[mənembaʔ mati]
sparare (vi)	menembak	[mənembaʔ]
sparatoria (f)	penembakan	[penembakan]
incidente (m) (rissa, ecc.)	insiden, kejadian	[insiden], [kedʒiadian]
rissa (f)	perkelahian	[pərkelahian]
Aiuto!	Tolong!	[toloŋ!]
vittima (f)	korban	[korban]
danneggiare (vt)	merusak	[merusaʔ]
danno (m)	kerusakan	[kerusakan]
cadavere (m)	jenazah, mayat	[dʒienazah], [majat]
grave (reato ~)	berat	[berat]
aggredire (vt)	menyerang	[məɲeraŋ]
picchiare (vt)	memukul	[memukul]
malmenare (picchiare)	memukuli	[memukuli]
sottrarre (vt)	merebut	[merebut]
accoltellare a morte	menikam mati	[mənikam mati]

mutilare (vt)	mencederai	[mentʃederaj]
ferire (vt)	melukai	[melukaj]

ricatto (m)	pemerasan	[pemerasan]
ricattare (vt)	memeras	[memeras]
ricattatore (m)	pemeras	[pemeras]

estorsione (f)	pemerasan	[pemerasan]
estortore (m)	pemeras	[pemeras]
gangster (m)	gangster, preman	[gaŋster], [preman]
mafia (f)	mafia	[mafia]

borseggiatore (m)	pencopet	[pentʃopet]
scassinatore (m)	perampok	[pərampoʔ]
contrabbando (m)	penyelundupan	[penjelundupan]
contrabbandiere (m)	penyelundup	[penjelundup]

falsificazione (f)	pemalsuan	[pemalsuan]
falsificare (vt)	memalsukan	[memalsukan]
falso, falsificato (agg)	palsu	[palsu]

119. Infrangere la legge. Criminali. Parte 2

stupro (m)	pemerkosaan	[pemerkosaʔan]
stuprare (vt)	memerkosa	[memerkosa]
stupratore (m)	pemerkosa	[pemerkosa]
maniaco (m)	maniak	[maniaʔ]

prostituta (f)	pelacur	[pelatʃur]
prostituzione (f)	pelacuran	[pelatʃuran]
magnaccia (m)	germo	[germo]

drogato (m)	pecandu narkoba	[petʃandu narkoba]
trafficante (m) di droga	pengedar narkoba	[peŋedar narkoba]

far esplodere	meledakkan	[meledaʔkan]
esplosione (f)	ledakan	[ledakan]
incendiare (vt)	membakar	[membakar]
incendiario (m)	pelaku pembakaran	[pelaku pembakaran]

terrorismo (m)	terorisme	[tərorisme]
terrorista (m)	teroris	[təroris]
ostaggio (m)	sandera	[sandera]

imbrogliare (vt)	menipu	[mənipu]
imbroglio (m)	penipuan	[penipuan]
imbroglione (m)	penipu	[penipu]

corrompere (vt)	menyuap	[mənyuap]
corruzione (f)	penyuapan	[penyuapan]
bustarella (f)	uang suap, suapan	[uaŋ suap], [suapan]

veleno (m)	racun	[ratʃun]
avvelenare (vt)	meracuni	[meratʃuni]

avvelenarsi (vr)	meracuni diri sendiri	[meratʃuni diri sendiri]
suicidio (m)	bunuh diri	[bunuh diri]
suicida (m)	pelaku bunuh diri	[pelaku bunuh diri]

minacciare (vt)	mengancam	[məŋantʃam]
minaccia (f)	ancaman	[antʃaman]
attentare (vi)	melakukan percobaan pembunuhan	[melakukan pərtʃoba'an pembunuhan]
attentato (m)	percobaan pembunuhan	[pərtʃoba'an pembunuhan]

| rubare (~ una macchina) | mencuri | [məntʃuri] |
| dirottare (~ un aereo) | membajak | [membadʒʲa'] |

| vendetta (f) | dendam | [dendam] |
| vendicare (vt) | membalas dendam | [membalas dendam] |

torturare (vt)	menyiksa	[mənjiksa]
tortura (f)	siksaan	[siksa'an]
maltrattare (vt)	menyiksa	[mənjiksa]

pirata (m)	bajak laut	[badʒʲa' laut]
teppista (m)	berandal	[berandal]
armato (agg)	bersenjata	[bərsendʒʲata]
violenza (f)	kekerasan	[kekerasan]
illegale (agg)	ilegal	[ilegal]

| spionaggio (m) | spionase | [spionase] |
| spiare (vi) | memata-matai | [memata-mataj] |

120. Polizia. Legge. Parte 1

| giustizia (f) | keadilan | [keadilan] |
| tribunale (m) | pengadilan | [peŋadilan] |

giudice (m)	hakim	[hakim]
giurati (m)	anggota juri	[aŋgota dʒʲuri]
processo (m) con giuria	pengadilan juri	[peŋadilan dʒʲuri]
giudicare (vt)	mengadili	[məŋadili]

avvocato (m)	advokat, pengacara	[advokat], [peɲatʃara]
imputato (m)	terdakwa	[tərdakwa]
banco (m) degli imputati	bangku terdakwa	[baŋku tərdakwa]

| accusa (f) | tuduhan | [tuduhan] |
| accusato (m) | terdakwa | [tərdakwa] |

| condanna (f) | hukuman | [hukuman] |
| condannare (vt) | menjatuhkan hukuman | [məndʒʲatuhkan hukuman] |

colpevole (m)	bersalah	[bərsalah]
punire (vt)	menghukum	[məŋhukum]
punizione (f)	hukuman	[hukuman]
multa (f), ammenda (f)	denda	[denda]
ergastolo (m)	penjara seumur hidup	[pendʒʲara seumur hidup]

pena (f) di morte	hukuman mati	[hukuman mati]
sedia (f) elettrica	kursi listrik	[kursi listriʔ]
impiccagione (f)	tiang gantungan	[tiaŋ gantuŋan]
giustiziare (vt)	menjalankan hukuman mati	[mənʤʲalankan hukuman mati]
esecuzione (f)	hukuman mati	[hukuman mati]
prigione (f)	penjara	[penʤʲara]
cella (f)	sel	[sel]
scorta (f)	pengawal	[peŋawal]
guardia (f) carceraria	sipir, penjaga penjara	[sipir], [penʤʲaga penʤʲara]
prigioniero (m)	tahanan	[tahanan]
manette (f pl)	borgol	[borgol]
mettere le manette	memborgol	[memborgol]
fuga (f)	pelarian	[pelarian]
fuggire (vi)	melarikan diri	[melarikan diri]
scomparire (vi)	menghilang	[məŋhilaŋ]
liberare (vt)	membebaskan	[membebaskan]
amnistia (f)	amnesti	[amnesti]
polizia (f)	polisi, kepolisian	[polisi], [kepolisian]
poliziotto (m)	polisi	[polisi]
commissariato (m)	kantor polisi	[kantor polisi]
manganello (m)	pentungan karet	[pentuŋan karet]
altoparlante (m)	pengeras suara	[peŋeras suara]
macchina (f) di pattuglia	mobil patroli	[mobil patroli]
sirena (f)	sirene	[sirene]
mettere la sirena	membunyikan sirene	[membunjikan sirene]
suono (m) della sirena	suara sirene	[suara sirene]
luogo (m) del crimine	tempat kejadian perkara	[tempat kedʒʲadian pərkara]
testimone (m)	saksi	[saksi]
libertà (f)	kebebasan	[kebebasan]
complice (m)	kaki tangan	[kaki taŋan]
fuggire (vi)	melarikan diri	[melarikan diri]
traccia (f)	jejak	[ʤʲeʤʲaʔ]

121. Polizia. Legge. Parte 2

ricerca (f) (~ di un criminale)	pencarian	[pentʃarian]
cercare (vt)	mencari ...	[məntʃari ...]
sospetto (m)	kecurigaan	[ketʃurigaʔan]
sospetto (agg)	mencurigakan	[məntʃurigakan]
fermare (vt)	menghentikan	[məŋhentikan]
arrestare (qn)	menahan	[mənahan]
causa (f)	kasus, perkara	[kasus], [pərkara]
inchiesta (f)	investigasi, penyidikan	[investigasi], [penjidikan]
detective (m)	detektif	[detektif]

investigatore (m)	penyidik	[penjidiʔ]
versione (f)	hipotesis	[hipotesis]

movente (m)	motif	[motif]
interrogatorio (m)	interogasi	[interogasi]
interrogare (sospetto)	menginterogasi	[məŋinterogasi]
interrogare (vicini)	menanyai	[mənanjaj]
controllo (m) (~ di polizia)	pemeriksaan	[pemeriksaʼan]

retata (f)	razia	[razia]
perquisizione (f)	penggeledahan	[peŋgeledahan]
inseguimento (m)	pengejaran, perburuan	[peŋedʒʲaran], [pərburuan]
inseguire (vt)	mengejar	[məŋedʒʲar]
essere sulle tracce	melacak	[melatʃaʔ]

arresto (m)	penahanan	[penahanan]
arrestare (qn)	menahan	[mənahan]
catturare (~ un ladro)	menangkap	[mənaŋkap]
cattura (f)	penangkapan	[penaŋkapan]

documento (m)	dokumen	[dokumen]
prova (f), reperto (m)	bukti	[bukti]
provare (vt)	membuktikan	[membuktikan]
impronta (f) del piede	jejak	[dʒʲedʒʲaʔ]
impronte (f pl) digitali	sidik jari	[sidiʔ dʒʲari]
elemento (m) di prova	barang bukti	[baraŋ bukti]

alibi (m)	alibi	[alibi]
innocente (agg)	tidak bersalah	[tidaʼ bərsalah]
ingiustizia (f)	ketidakadilan	[ketidakadilan]
ingiusto (agg)	tidak adil	[tidaʼ adil]

criminale (agg)	pidana	[pidana]
confiscare (vt)	menyita	[məɲita]
droga (f)	narkoba	[narkoba]
armi (f pl)	senjata	[sendʒʲata]
disarmare (vt)	melucuti	[melutʃuti]
ordinare (vt)	memerintahkan	[memerintahkan]
sparire (vi)	menghilang	[məŋhilaŋ]

legge (f)	hukum	[hukum]
legale (agg)	sah	[sah]
illegale (agg)	tidak sah	[tidaʼ sah]

responsabilità (f)	tanggung jawab	[taŋguŋ dʒʲawab]
responsabile (agg)	bertanggung jawab	[bərtaŋguŋ dʒʲawab]

LA NATURA

La Terra. Parte 1

122. L'Universo

cosmo (m)	angkasa	[aŋkasa]
cosmico, spaziale (agg)	angkasa	[aŋkasa]
spazio (m) cosmico	ruang angkasa	[ruaŋ aŋkasa]
mondo (m)	dunia	[dunia]
universo (m)	jagat raya	[dʒagat raja]
galassia (f)	galaksi	[galaksi]
stella (f)	bintang	[bintaŋ]
costellazione (f)	gugusan bintang	[gugusan bintaŋ]
pianeta (m)	planet	[planet]
satellite (m)	satelit	[satelit]
meteorite (m)	meteorit	[meteorit]
cometa (f)	komet	[komet]
asteroide (m)	asteroid	[asteroid]
orbita (f)	orbit	[orbit]
ruotare (vi)	berputar	[bərputar]
atmosfera (f)	atmosfer	[atmosfer]
il Sole	matahari	[matahari]
sistema (m) solare	tata surya	[tata surja]
eclisse (f) solare	gerhana matahari	[gerhana matahari]
la Terra	Bumi	[bumi]
la Luna	Bulan	[bulaŋ]
Marte (m)	Mars	[mars]
Venere (f)	Venus	[venus]
Giove (m)	Yupiter	[yupiter]
Saturno (m)	Saturnus	[saturnus]
Mercurio (m)	Merkurius	[merkurius]
Urano (m)	Uranus	[uranus]
Nettuno (m)	Neptunus	[neptunus]
Plutone (m)	Pluto	[pluto]
Via (f) Lattea	Bimasakti	[bimasakti]
Orsa (f) Maggiore	Ursa Major	[ursa madʒor]
Stella (f) Polare	Bintang Utara	[bintaŋ utara]
marziano (m)	makhluk Mars	[mahluʔ mars]
extraterrestre (m)	makhluk ruang angkasa	[mahluʔ ruaŋ aŋkasa]

alieno (m)	alien, makhluk asing	[alien], [mahlu' asiŋ]
disco (m) volante	piring terbang	[piriŋ tərbaŋ]
nave (f) spaziale	kapal antariksa	[kapal antariksa]
stazione (f) spaziale	stasiun antariksa	[stasiun antariksa]
lancio (m)	peluncuran	[peluntʃuran]
motore (m)	mesin	[mesin]
ugello (m)	nosel	[nosel]
combustibile (m)	bahan bakar	[bahan bakar]
cabina (f) di pilotaggio	kokpit	[kokpit]
antenna (f)	antena	[antena]
oblò (m)	jendela	[dʒʲendela]
batteria (f) solare	sel surya	[sel surja]
scafandro (m)	pakaian antariksa	[pakajan antariksa]
imponderabilità (f)	keadaan tanpa bobot	[keadaʔan tanpa bobot]
ossigeno (m)	oksigen	[oksigen]
aggancio (m)	penggabungan	[peŋgabuŋan]
agganciarsi (vr)	bergabung	[bərgabuŋ]
osservatorio (m)	observatorium	[observatorium]
telescopio (m)	teleskop	[teleskop]
osservare (vt)	mengamati	[məŋamati]
esplorare (vt)	mengeksplorasi	[məŋeksplorasi]

123. La Terra

la Terra	Bumi	[bumi]
globo (m) terrestre	bola Bumi	[bola bumi]
pianeta (m)	planet	[planet]
atmosfera (f)	atmosfer	[atmosfer]
geografia (f)	geografi	[geografi]
natura (f)	alam	[alam]
mappamondo (m)	globe	[globe]
carta (f) geografica	peta	[peta]
atlante (m)	atlas	[atlas]
Europa (f)	Eropa	[eropa]
Asia (f)	Asia	[asia]
Africa (f)	Afrika	[afrika]
Australia (f)	Australia	[australia]
America (f)	Amerika	[amerika]
America (f) del Nord	Amerika Utara	[amerika utara]
America (f) del Sud	Amerika Selatan	[amerika selatan]
Antartide (f)	Antartika	[antartika]
Artico (m)	Arktika	[arktika]

124. Punti cardinali

nord (m)	utara	[utara]
a nord	ke utara	[ke utara]
al nord	di utara	[di utara]
del nord (agg)	utara	[utara]
sud (m)	selatan	[selatan]
a sud	ke selatan	[ke selatan]
al sud	di selatan	[di selatan]
del sud (agg)	selatan	[selatan]
ovest (m)	barat	[barat]
a ovest	ke barat	[ke barat]
all'ovest	di barat	[di barat]
dell'ovest, occidentale	barat	[barat]
est (m)	timur	[timur]
a est	ke timur	[ke timur]
all'est	di timur	[di timur]
dell'est, orientale	timur	[timur]

125. Mare. Oceano

mare (m)	laut	[laut]
oceano (m)	samudra	[samudra]
golfo (m)	teluk	[teluʔ]
stretto (m)	selat	[selat]
terra (f) (terra firma)	daratan	[daratan]
continente (m)	benua	[benua]
isola (f)	pulau	[pulau]
penisola (f)	semenanjung, jazirah	[semenandʒʲuŋ], [dʒʲazirah]
arcipelago (m)	kepulauan	[kepulauan]
baia (f)	teluk	[teluʔ]
porto (m)	pelabuhan	[pelabuhan]
laguna (f)	laguna	[laguna]
capo (m)	tanjung	[tandʒʲuŋ]
atollo (m)	pulau karang	[pulau karaŋ]
scogliera (f)	terumbu	[tərumbu]
corallo (m)	karang	[karaŋ]
barriera (f) corallina	terumbu karang	[tərumbu karaŋ]
profondo (agg)	dalam	[dalam]
profondità (f)	kedalaman	[kedalaman]
abisso (m)	jurang	[dʒʲuraŋ]
fossa (f) (~ delle Marianne)	palung	[paluŋ]
corrente (f)	arus	[arus]
circondare (vt)	berbatasan dengan	[bərbatasan deŋan]

litorale (m)	pantai	[pantaj]
costa (f)	pantai	[pantaj]
alta marea (f)	air pasang	[air pasaŋ]
bassa marea (f)	air surut	[air surut]
banco (m) di sabbia	beting	[betiŋ]
fondo (m)	dasar	[dasar]
onda (f)	gelombang	[gelombaŋ]
cresta (f) dell'onda	puncak gelombang	[puntʃa' gelombaŋ]
schiuma (f)	busa, buih	[busa], [buih]
tempesta (f)	badai	[badaj]
uragano (m)	topan	[topan]
tsunami (m)	tsunami	[tsunami]
bonaccia (f)	angin tenang	[aŋin tenaŋ]
tranquillo (agg)	tenang	[tenaŋ]
polo (m)	kutub	[kutub]
polare (agg)	kutub	[kutub]
latitudine (f)	lintang	[lintaŋ]
longitudine (f)	garis bujur	[garis budʒʲur]
parallelo (m)	sejajar	[sedʒʲadʒʲar]
equatore (m)	khatulistiwa	[hatulistiwa]
cielo (m)	langit	[laŋit]
orizzonte (m)	horizon	[horizon]
aria (f)	udara	[udara]
faro (m)	mercusuar	[mertʃusuar]
tuffarsi (vr)	menyelam	[mənjelam]
affondare (andare a fondo)	karam	[karam]
tesori (m)	harta karun	[harta karun]

126. Nomi dei mari e degli oceani

Oceano (m) Atlantico	Samudra Atlantik	[samudra atlanti']
Oceano (m) Indiano	Samudra Hindia	[samudra hindia]
Oceano (m) Pacifico	Samudra Pasifik	[samudra pasifi']
mar (m) Glaciale Artico	Samudra Arktik	[samudra arkti']
mar (m) Nero	Laut Hitam	[laut hitam]
mar (m) Rosso	Laut Merah	[laut merah]
mar (m) Giallo	Laut Kuning	[laut kuniŋ]
mar (m) Bianco	Laut Putih	[laut putih]
mar (m) Caspio	Laut Kaspia	[laut kaspia]
mar (m) Morto	Laut Mati	[laut mati]
mar (m) Mediterraneo	Laut Tengah	[laut teŋah]
mar (m) Egeo	Laut Aegean	[laut aegean]
mar (m) Adriatico	Laut Adriatik	[laut adriati']
mar (m) Arabico	Laut Arab	[laut arab]

mar (m) del Giappone	Laut Jepang	[laut dʒi̯epaŋ]
mare (m) di Bering	Laut Bering	[laut bəriŋ]
mar (m) Cinese meridionale	Laut Cina Selatan	[laut tʃina selatan]
mar (m) dei Coralli	Laut Karang	[laut karaŋ]
mar (m) di Tasman	Laut Tasmania	[laut tasmania]
mar (m) dei Caraibi	Laut Karibia	[laut karibia]
mare (m) di Barents	Laut Barents	[laut barents]
mare (m) di Kara	Laut Kara	[laut kara]
mare (m) del Nord	Laut Utara	[laut utara]
mar (m) Baltico	Laut Baltik	[laut baltiʔ]
mare (m) di Norvegia	Laut Norwegia	[laut norwegia]

127. Montagne

monte (m), montagna (f)	gunung	[gunuŋ]
catena (f) montuosa	jajaran gunung	[dʒi̯adʒi̯aran gunuŋ]
crinale (m)	sisir gunung	[sisir gunuŋ]
cima (f)	puncak	[puntʃaʔ]
picco (m)	puncak	[puntʃaʔ]
piedi (m pl)	kaki	[kaki]
pendio (m)	lereng	[lereŋ]
vulcano (m)	gunung api	[gunuŋ api]
vulcano (m) attivo	gunung api yang aktif	[gunuŋ api yaŋ aktif]
vulcano (m) inattivo	gunung api yang tidak aktif	[gunuŋ api yaŋ tidaʔ aktif]
eruzione (f)	erupsi, letusan	[erupsi], [letusan]
cratere (m)	kawah	[kawah]
magma (m)	magma	[magma]
lava (f)	lava, lahar	[lava], [lahar]
fuso (lava ~a)	pijar	[pidʒi̯ar]
canyon (m)	kanyon	[kanjon]
gola (f)	jurang	[dʒi̯uraŋ]
crepaccio (m)	celah	[tʃelah]
precipizio (m)	jurang	[dʒi̯uraŋ]
passo (m), valico (m)	pass, celah	[pass], [tʃelah]
altopiano (m)	plato, dataran tinggi	[plato], [dataran tiŋgi]
falesia (f)	tebing	[tebiŋ]
collina (f)	bukit	[bukit]
ghiacciaio (m)	gletser	[gletser]
cascata (f)	air terjun	[air tərdʒi̯un]
geyser (m)	geiser	[geyser]
lago (m)	danau	[danau]
pianura (f)	dataran	[dataran]
paesaggio (m)	landskap	[landskap]
eco (f)	gema	[gema]

alpinista (m)	pendaki gunung	[pendaki gunuŋ]
scalatore (m)	pemanjat tebing	[pemandʒiat tebiŋ]
conquistare (~ una cima)	menaklukkan	[mənaklu'kan]
scalata (f)	pendakian	[pendakian]

128. Nomi delle montagne

Alpi (f pl)	Alpen	[alpen]
Monte (m) Bianco	Mont Blanc	[mon blan]
Pirenei (m pl)	Pirenia	[pirenia]
Carpazi (m pl)	Pegunungan Karpatia	[pegunuŋan karpatia]
gli Urali (m pl)	Pegunungan Ural	[pegunuŋan ural]
Caucaso (m)	Kaukasus	[kaukasus]
Monte (m) Elbrus	Elbrus	[elbrus]
Monti (m pl) Altai	Altai	[altaj]
Tien Shan (m)	Tien Shan	[tjen ʃan]
Pamir (m)	Pegunungan Pamir	[pegunuŋan pamir]
Himalaia (m)	Himalaya	[himalaja]
Everest (m)	Everest	[everest]
Ande (f pl)	Andes	[andes]
Kilimangiaro (m)	Kilimanjaro	[kilimandʒiaro]

129. Fiumi

fiume (m)	sungai	[suŋaj]
fonte (f) (sorgente)	mata air	[mata air]
letto (m) (~ del fiume)	badan sungai	[badan suŋaj]
bacino (m)	basin	[basin]
sfociare nel ...	mengalir ke ...	[məŋalir ke ...]
affluente (m)	anak sungai	[ana' suŋaj]
riva (f)	tebing sungai	[tebiŋ suŋaj]
corrente (f)	arus	[arus]
a valle	ke hilir	[ke hilir]
a monte	ke hulu	[ke hulu]
inondazione (f)	banjir	[bandʒir]
piena (f)	banjir	[bandʒir]
straripare (vi)	membanjiri	[membandʒiri]
inondare (vt)	membanjiri	[membandʒiri]
secca (f)	beting	[betiŋ]
rapida (f)	jeram	[dʒieram]
diga (f)	dam, bendungan	[dam], [benduŋan]
canale (m)	kanal, terusan	[kanal], [tərusan]
bacino (m) di riserva	waduk	[wadu']
chiusa (f)	pintu air	[pintu air]

specchio (m) d'acqua	kolam	[kolam]
palude (f)	rawa	[rawa]
pantano (m)	bencah, paya	[bentʃah], [paja]
vortice (m)	pusaran air	[pusaran air]
ruscello (m)	selokan	[selokan]
potabile (agg)	minum	[minum]
dolce (di acqua ~)	tawar	[tawar]
ghiaccio (m)	es	[es]
ghiacciarsi (vr)	membeku	[membeku]

130. Nomi dei fiumi

Senna (f)	Seine	[seine]
Loira (f)	Loire	[loire]
Tamigi (m)	Thames	[tems]
Reno (m)	Rein	[reyn]
Danubio (m)	Donau	[donau]
Volga (m)	Volga	[volga]
Don (m)	Don	[don]
Lena (f)	Lena	[lena]
Fiume (m) Giallo	Suang Kuning	[suaŋ kuniŋ]
Fiume (m) Azzurro	Yangtze	[yaŋtze]
Mekong (m)	Mekong	[mekoŋ]
Gange (m)	Gangga	[gaŋga]
Nilo (m)	Sungai Nil	[suŋaj nil]
Congo (m)	Kongo	[koŋo]
Okavango	Okavango	[okavaŋo]
Zambesi (m)	Zambezi	[zambezi]
Limpopo (m)	Limpopo	[limpopo]
Mississippi (m)	Mississippi	[misisipi]

131. Foresta

foresta (f)	hutan	[hutan]
forestale (agg)	hutan	[hutan]
foresta (f) fitta	hutan lebat	[hutan lebat]
boschetto (m)	hutan kecil	[hutan ketʃil]
radura (f)	pembukaan hutan	[pembuka'an hutan]
roveto (m)	semak belukar	[sema' belukar]
boscaglia (f)	belukar	[belukar]
sentiero (m)	jalan setapak	[dʒalan setapa']
calanco (m)	parit	[parit]
albero (m)	pohon	[pohon]

foglia (f) | daun | [daun]
fogliame (m) | daun-daunan | [daun-daunan]

caduta (f) delle foglie | daun berguguran | [daun bərguguran]
cadere (vi) | luruh | [luruh]
cima (f) | puncak | [puntʃaʔ]

ramo (m), ramoscello (m) | cabang | [tʃabaŋ]
ramo (m) | dahan | [dahan]
gemma (f) | tunas | [tunas]
ago (m) | daun jarum | [daun dʒʲarum]
pigna (f) | buah pinus | [buah pinus]

cavità (f) | lubang pohon | [lubaŋ pohon]
nido (m) | sarang | [saraŋ]
tana (f) (del fox, ecc.) | lubang | [lubaŋ]

tronco (m) | batang | [bataŋ]
radice (f) | akar | [akar]
corteccia (f) | kulit | [kulit]
musco (m) | lumut | [lumut]

sradicare (vt) | mencabut | [məntʃabut]
abbattere (~ un albero) | menebang | [mənebaŋ]
disboscare (vt) | deforestasi, penggundulan hutan | [deforestasi], [pəŋgundulan hutan]
ceppo (m) | tunggul | [tuŋgul]

falò (m) | api unggun | [api uŋgun]
incendio (m) boschivo | kebakaran hutan | [kebakaran hutan]
spegnere (vt) | memadamkan | [memadamkan]

guardia (f) forestale | penjaga hutan | [pendʒʲaga hutan]
protezione (f) | perlindungan | [pərlinduŋan]
proteggere (~ la natura) | melindungi | [melinduŋi]
bracconiere (m) | pemburu ilegal | [pemburu ilegal]
tagliola (f) (~ per orsi) | perangkap | [pəraŋkap]

raccogliere (vt) | memetik | [memetiʔ]
perdersi (vr) | tersesat | [tərsesat]

132. Risorse naturali

risorse (f pl) naturali | sumber daya alam | [sumber daja alam]
minerali (m pl) | bahan tambang | [bahan tambaŋ]
deposito (m) (~ di carbone) | endapan | [endapan]
giacimento (m) (~ petrolifero) | ladang | [ladaŋ]

estrarre (vt) | menambang | [mənambaŋ]
estrazione (f) | pertambangan | [pərtambaŋan]
minerale (m) grezzo | bijih | [bidʒih]
miniera (f) | tambang | [tambaŋ]
pozzo (m) di miniera | sumur tambang | [sumur tambaŋ]
minatore (m) | penambang | [penambaŋ]

gas (m)	gas	[gas]
gasdotto (m)	pipa saluran gas	[pipa saluran gas]
petrolio (m)	petroleum, minyak	[petroleum], [minjaʔ]
oleodotto (m)	pipa saluran minyak	[pipa saluran minjaʔ]
torre (f) di estrazione	sumur minyak	[sumur minjaʔ]
torre (f) di trivellazione	menara bor minyak	[mənara bor minjaʔ]
petroliera (f)	kapal tangki	[kapal taŋki]
sabbia (f)	pasir	[pasir]
calcare (m)	batu kapur	[batu kapur]
ghiaia (f)	kerikil	[kerikil]
torba (f)	gambut	[gambut]
argilla (f)	tanah liat	[tanah liat]
carbone (m)	arang	[araŋ]
ferro (m)	besi	[besi]
oro (m)	emas	[emas]
argento (m)	perak	[peraʔ]
nichel (m)	nikel	[nikel]
rame (m)	tembaga	[tembaga]
zinco (m)	seng	[seŋ]
manganese (m)	mangan	[maŋan]
mercurio (m)	air raksa	[air raksa]
piombo (m)	timbal	[timbal]
minerale (m)	mineral	[mineral]
cristallo (m)	kristal, hablur	[kristal], [hablur]
marmo (m)	marmer	[marmer]
uranio (m)	uranium	[uranium]

La Terra. Parte 2

133. Tempo

tempo (m)	cuaca	[tʃuatʃa]
previsione (f) del tempo	prakiraan cuaca	[prakira'an tʃuatʃa]
temperatura (f)	temperatur, suhu	[temperatur], [suhu]
termometro (m)	termometer	[tərmometər]
barometro (m)	barometer	[barometer]
umido (agg)	lembap	[lembap]
umidità (f)	kelembapan	[kelembapan]
caldo (m), afa (f)	panas, gerah	[panas], [gerah]
molto caldo (agg)	panas terik	[panas təriʔ]
fa molto caldo	panas	[panas]
fa caldo	hangat	[haŋat]
caldo, mite (agg)	hangat	[haŋat]
fa freddo	dingin	[diŋin]
freddo (agg)	dingin	[diŋin]
sole (m)	matahari	[matahari]
splendere (vi)	bersinar	[bərsinar]
di sole (una giornata ~)	cerah	[tʃerah]
sorgere, levarsi (vr)	terbit	[terbit]
tramontare (vi)	terbenam	[tərbenam]
nuvola (f)	awan	[awan]
nuvoloso (agg)	berawan	[bərawan]
nube (f) di pioggia	awan mendung	[awan menduŋ]
nuvoloso (agg)	mendung	[menduŋ]
pioggia (f)	hujan	[hudʒˈan]
piove	hujan turun	[hudʒˈan turun]
piovoso (agg)	hujan	[hudʒˈan]
piovigginare (vi)	gerimis	[gerimis]
pioggia (f) torrenziale	hujan lebat	[hudʒˈan lebat]
acquazzone (m)	hujan lebat	[hudʒˈan lebat]
forte (una ~ pioggia)	lebat	[lebat]
pozzanghera (f)	kubangan	[kubaŋan]
bagnarsi (~ sotto la pioggia)	kehujanan	[kehudʒˈanan]
foschia (f), nebbia (f)	kabut	[kabut]
nebbioso (agg)	berkabut	[bərkabut]
neve (f)	salju	[saldʒˈu]
nevica	turun salju	[turun saldʒˈu]

134. Rigide condizioni metereologiche. Disastri naturali

temporale (m)	hujan badai	[huʤˈan badaj]
fulmine (f)	kilat	[kilat]
lampeggiare (vi)	berkilau	[bərkilau]
tuono (m)	petir	[petir]
tuonare (vi)	bergemuruh	[bərgemuruh]
tuona	bergemuruh	[bərgemuruh]
grandine (f)	hujan es	[huʤˈan es]
grandina	hujan es	[huʤˈan es]
inondare (vt)	membanjiri	[membanʤiri]
inondazione (f)	banjir	[banʤir]
terremoto (m)	gempa bumi	[gempa bumi]
scossa (f)	gempa	[gempa]
epicentro (m)	episentrum	[episentrum]
eruzione (f)	erupsi, letusan	[erupsi], [letusan]
lava (f)	lava, lahar	[lava], [lahar]
tromba (f) d'aria	puting beliung	[putiŋ beliuŋ]
tornado (m)	tornado	[tornado]
tifone (m)	topan	[topan]
uragano (m)	topan	[topan]
tempesta (f)	badai	[badaj]
tsunami (m)	tsunami	[tsunami]
ciclone (m)	siklon	[siklon]
maltempo (m)	cuaca buruk	[tʃuatʃa buruʔ]
incendio (m)	kebakaran	[kebakaran]
disastro (m)	bencana	[bentʃana]
meteorite (m)	meteorit	[meteorit]
valanga (f)	longsor	[loŋsor]
slavina (f)	salju longsor	[salʤˈu loŋsor]
tempesta (f) di neve	badai salju	[badaj salʤˈu]
bufera (f) di neve	badai salju	[badaj salʤˈu]

Fauna

135. Mammiferi. Predatori

predatore (m)	predator, pemangsa	[predator], [pemaŋsa]
tigre (f)	harimau	[harimau]
leone (m)	singa	[siŋa]
lupo (m)	serigala	[serigala]
volpe (m)	rubah	[rubah]
giaguaro (m)	jaguar	[dʒⁱaguar]
leopardo (m)	leopard, macan tutul	[leopard], [matʃan tutul]
ghepardo (m)	cheetah	[tʃeetah]
pantera (f)	harimau kumbang	[harimau kumbaŋ]
puma (f)	singa gunung	[siŋa gunuŋ]
leopardo (m) delle nevi	harimau bintang salju	[harimau bintaŋ saldʒⁱu]
lince (f)	lynx	[links]
coyote (m)	koyote	[koyot]
sciacallo (m)	jakal	[dʒⁱakal]
iena (f)	hiena	[hiena]

136. Animali selvatici

animale (m)	binatang	[binataŋ]
bestia (f)	binatang buas	[binataŋ buas]
scoiattolo (m)	bajing	[badʒiŋ]
riccio (m)	landak susu	[landaʔ susu]
lepre (f)	terwelu	[tərwelu]
coniglio (m)	kelinci	[kelintʃi]
tasso (m)	luak	[luaʔ]
procione (f)	rakun	[rakun]
criceto (m)	hamster	[hamster]
marmotta (f)	marmut	[marmut]
talpa (f)	tikus mondok	[tikus mondoʔ]
topo (m)	tikus	[tikus]
ratto (m)	tikus besar	[tikus besar]
pipistrello (m)	kelelawar	[kelelawar]
ermellino (m)	ermin	[ermin]
zibellino (m)	sabel	[sabel]
martora (f)	marten	[marten]
donnola (f)	musang	[musaŋ]
visone (m)	cerpelai	[tʃerpelaj]

castoro (m)	beaver	[beaver]
lontra (f)	berang-berang	[bəraŋ-bəraŋ]
cavallo (m)	kuda	[kuda]
alce (m)	rusa besar	[rusa besar]
cervo (m)	rusa	[rusa]
cammello (m)	unta	[unta]
bisonte (m) americano	bison	[bison]
bisonte (m) europeo	aurochs	[oroks]
bufalo (m)	kerbau	[kerbau]
zebra (f)	kuda belang	[kuda belaŋ]
antilope (f)	antelop	[antelop]
capriolo (m)	kijang	[kidʒʲaŋ]
daino (m)	rusa	[rusa]
camoscio (m)	chamois	[ʃemva]
cinghiale (m)	babi hutan jantan	[babi hutan dʒʲantan]
balena (f)	ikan paus	[ikan paus]
foca (f)	anjing laut	[andʒiŋ laut]
tricheco (m)	walrus	[walrus]
otaria (f)	anjing laut berbulu	[andʒiŋ laut bərbulu]
delfino (m)	lumba-lumba	[lumba-lumba]
orso (m)	beruang	[bəruaŋ]
orso (m) bianco	beruang kutub	[bəruaŋ kutub]
panda (m)	panda	[panda]
scimmia (f)	monyet	[monjet]
scimpanzè (m)	simpanse	[simpanse]
orango (m)	orang utan	[oraŋ utan]
gorilla (m)	gorila	[gorila]
macaco (m)	kera	[kera]
gibbone (m)	siamang, ungka	[siamaŋ], [uŋka]
elefante (m)	gajah	[gadʒʲah]
rinoceronte (m)	badak	[badaʔ]
giraffa (f)	jerapah	[dʒʲerapah]
ippopotamo (m)	kuda nil	[kuda nil]
canguro (m)	kanguru	[kaŋuru]
koala (m)	koala	[koala]
mangusta (f)	garangan	[garaŋan]
cincillà (f)	chinchilla	[tʃintʃilla]
moffetta (f)	sigung	[siguŋ]
istrice (m)	landak	[landaʔ]

137. Animali domestici

gatta (f)	kucing betina	[kutʃiŋ betina]
gatto (m)	kucing jantan	[kutʃiŋ dʒʲantan]
cane (m)	anjing	[andʒiŋ]

cavallo (m)	kuda	[kuda]
stallone (m)	kuda jantan	[kuda dʒʲantan]
giumenta (f)	kuda betina	[kuda betina]

mucca (f)	sapi	[sapi]
toro (m)	sapi jantan	[sapi dʒʲantan]
bue (m)	lembu jantan	[lembu dʒʲantan]

pecora (f)	domba	[domba]
montone (m)	domba jantan	[domba dʒʲantan]
capra (f)	kambing betina	[kambiŋ betina]
caprone (m)	kambing jantan	[kambiŋ dʒʲantan]

| asino (m) | keledai | [keledaj] |
| mulo (m) | bagal | [bagal] |

porco (m)	babi	[babi]
porcellino (m)	anak babi	[anaʔ babi]
coniglio (m)	kelinci	[kelintʃi]

| gallina (f) | ayam betina | [ajam betina] |
| gallo (m) | ayam jago | [ajam dʒʲago] |

anatra (f)	bebek	[bebeʔ]
maschio (m) dell'anatra	bebek jantan	[bebeʔ dʒʲantan]
oca (f)	angsa	[aŋsa]

| tacchino (m) | kalkun jantan | [kalkun dʒʲantan] |
| tacchina (f) | kalkun betina | [kalkun betina] |

animali (m pl) domestici	binatang piaraan	[binataŋ piaraʔan]
addomesticato (agg)	jinak	[dʒinaʔ]
addomesticare (vt)	menjinakkan	[məndʒinaʔkan]
allevare (vt)	membiakkan	[membiaʔkan]

fattoria (f)	peternakan	[peternakan]
pollame (m)	unggas	[uŋgas]
bestiame (m)	ternak	[ternaʔ]
branco (m), mandria (f)	kawanan	[kawanan]

scuderia (f)	kandang kuda	[kandaŋ kuda]
porcile (m)	kandang babi	[kandaŋ babi]
stalla (f)	kandang sapi	[kandaŋ sapi]
conigliera (f)	sangkar kelinci	[saŋkar kelintʃi]
pollaio (m)	kandang ayam	[kandaŋ ajam]

138. Uccelli

uccello (m)	burung	[buruŋ]
colombo (m), piccione (m)	burung dara	[buruŋ dara]
passero (m)	burung gereja	[buruŋ geredʒʲa]
cincia (f)	burung tit	[buruŋ tit]
gazza (f)	burung murai	[buruŋ muraj]
corvo (m)	burung raven	[buruŋ raven]

cornacchia (f)	burung gagak	[buruŋ gagaʔ]
taccola (f)	burung gagak kecil	[buruŋ gagaʔ ketʃil]
corvo (m) nero	burung rook	[buruŋ rooʔ]
anatra (f)	bebek	[bebeʔ]
oca (f)	angsa	[aŋsa]
fagiano (m)	burung kuau	[buruŋ kuau]
aquila (f)	rajawali	[radʒʲawali]
astore (m)	elang	[elaŋ]
falco (m)	alap-alap	[alap-alap]
grifone (m)	hering	[heriŋ]
condor (m)	kondor	[kondor]
cigno (m)	angsa	[aŋsa]
gru (f)	burung jenjang	[buruŋ dʒʲendʒʲaŋ]
cicogna (f)	bangau	[baŋau]
pappagallo (m)	burung nuri	[buruŋ nuri]
colibrì (m)	burung kolibri	[buruŋ kolibri]
pavone (m)	burung merak	[buruŋ meraʔ]
struzzo (m)	burung unta	[buruŋ unta]
airone (m)	kuntul	[kuntul]
fenicottero (m)	burung flamingo	[buruŋ flamiŋo]
pellicano (m)	pelikan	[pelikan]
usignolo (m)	burung bulbul	[buruŋ bulbul]
rondine (f)	burung walet	[buruŋ walet]
tordo (m)	burung jalak	[buruŋ dʒʲalaʔ]
tordo (m) sasello	burung jalak suren	[buruŋ dʒʲalaʔ suren]
merlo (m)	burung jalak hitam	[buruŋ dʒʲalaʔ hitam]
rondone (m)	burung apus-apus	[buruŋ apus-apus]
allodola (f)	burung lark	[buruŋ larʔ]
quaglia (f)	burung puyuh	[buruŋ puyuh]
picchio (m)	burung pelatuk	[buruŋ pelatuʔ]
cuculo (m)	burung kukuk	[buruŋ kukuʔ]
civetta (f)	burung hantu	[buruŋ hantu]
gufo (m) reale	burung hantu bertanduk	[buruŋ hantu bertanduʔ]
urogallo (m)	burung murai kayu	[buruŋ muraj kaju]
fagiano (m) di monte	burung belibis hitam	[buruŋ belibis hitam]
pernice (f)	ayam hutan	[ajam hutan]
storno (m)	burung starling	[buruŋ starliŋ]
canarino (m)	burung kenari	[buruŋ kenari]
francolino (m) di monte	ayam hutan hazel	[ajam hutan hazel]
fringuello (m)	burung chaffinch	[buruŋ tʃaffintʃ]
ciuffolotto (m)	burung bullfinch	[buruŋ bullfintʃ]
gabbiano (m)	burung camar	[buruŋ tʃamar]
albatro (m)	albatros	[albatros]
pinguino (m)	penguin	[peŋuin]

139. Pesci. Animali marini

abramide (f)	ikan bream	[ikan bream]
carpa (f)	ikan karper	[ikan karper]
perca (f)	ikan tilapia	[ikan tilapia]
pesce (m) gatto	lais junggang	[lajs dʒʲuŋgan]
luccio (m)	ikan pike	[ikan paik]
salmone (m)	salmon	[salmon]
storione (m)	ikan sturgeon	[ikan sturdʒʲen]
aringa (f)	ikan haring	[ikan hariŋ]
salmone (m)	ikan salem	[ikan salem]
scombro (m)	ikan kembung	[ikan kembuŋ]
sogliola (f)	ikan sebelah	[ikan sebelah]
lucioperca (f)	ikan seligi tenggeran	[ikan seligi teŋgeran]
merluzzo (m)	ikan kod	[ikan kod]
tonno (m)	tuna	[tuna]
trota (f)	ikan forel	[ikan forel]
anguilla (f)	belut	[belut]
torpedine (f)	ikan pari listrik	[ikan pari listriʔ]
murena (f)	belut moray	[belut morey]
piranha (f)	ikan piranha	[ikan piranha]
squalo (m)	ikan hiu	[ikan hiu]
delfino (m)	lumba-lumba	[lumba-lumba]
balena (f)	ikan paus	[ikan paus]
granchio (m)	kepiting	[kepitiŋ]
medusa (f)	ubur-ubur	[ubur-ubur]
polpo (m)	gurita	[gurita]
stella (f) marina	bintang laut	[bintaŋ laut]
riccio (m) di mare	landak laut	[landaʔ laut]
cavalluccio (m) marino	kuda laut	[kuda laut]
ostrica (f)	tiram	[tiram]
gamberetto (m)	udang	[udaŋ]
astice (m)	udang karang	[udaŋ karaŋ]
aragosta (f)	lobster berduri	[lobster berduri]

140. Anfibi. Rettili

serpente (m)	ular	[ular]
velenoso (agg)	berbisa	[bərbisa]
vipera (f)	ular viper	[ular viper]
cobra (m)	kobra	[kobra]
pitone (m)	ular sanca	[ular santʃa]
boa (m)	ular boa	[ular boa]
biscia (f)	ular tanah	[ular tanah]

serpente (m) a sonagli	ular derik	[ular deriʔ]
anaconda (f)	ular anakonda	[ular anakonda]
lucertola (f)	kadal	[kadal]
iguana (f)	iguana	[iguana]
varano (m)	biawak	[biawaʔ]
salamandra (f)	salamander	[salamander]
camaleonte (m)	bunglon	[buŋlon]
scorpione (m)	kalajengking	[kaladʒʲeŋkiŋ]
tartaruga (f)	kura-kura	[kura-kura]
rana (f)	katak	[kataʔ]
rospo (m)	kodok	[kodoʔ]
coccodrillo (m)	buaya	[buaja]

141. Insetti

insetto (m)	serangga	[seraŋga]
farfalla (f)	kupu-kupu	[kupu-kupu]
formica (f)	semut	[semut]
mosca (f)	lalat	[lalat]
zanzara (f)	nyamuk	[njamuʔ]
scarabeo (m)	kumbang	[kumbaŋ]
vespa (f)	tawon	[tawon]
ape (f)	lebah	[lebah]
bombo (m)	kumbang	[kumbaŋ]
tafano (m)	lalat kerbau	[lalat kerbau]
ragno (m)	laba-laba	[laba-laba]
ragnatela (f)	sarang laba-laba	[saraŋ laba-laba]
libellula (f)	capung	[tʃapuŋ]
cavalletta (f)	belalang	[belalaŋ]
farfalla (f) notturna	ngengat	[ŋeŋat]
scarafaggio (m)	kecoa	[ketʃoa]
zecca (f)	kutu	[kutu]
pulce (f)	kutu loncat	[kutu lontʃat]
moscerino (m)	agas	[agas]
locusta (f)	belalang	[belalaŋ]
lumaca (f)	siput	[siput]
grillo (m)	jangkrik	[dʒʲaŋkriʔ]
lucciola (f)	kunang-kunang	[kunaŋ-kunaŋ]
coccinella (f)	kumbang koksi	[kumbaŋ koksi]
maggiolino (m)	kumbang Cockchafer	[kumbaŋ kokʃafer]
sanguisuga (f)	lintah	[lintah]
bruco (m)	ulat	[ulat]
verme (m)	cacing	[tʃatʃiŋ]
larva (f)	larva	[larva]

Flora

142. Alberi

albero (m)	pohon	[pohon]
deciduo (agg)	daun luruh	[daun luruh]
conifero (agg)	pohon jarum	[pohon dʒjarum]
sempreverde (agg)	selalu hijau	[selalu hidʒjau]
melo (m)	pohon apel	[pohon apel]
pero (m)	pohon pir	[pohon pir]
ciliegio (m)	pohon ceri manis	[pohon tʃeri manis]
amareno (m)	pohon ceri asam	[pohon tʃeri asam]
prugno (m)	pohon plum	[pohon plum]
betulla (f)	pohon berk	[pohon berʔ]
quercia (f)	pohon eik	[pohon eiʔ]
tiglio (m)	pohon linden	[pohon linden]
pioppo (m) tremolo	pohon aspen	[pohon aspen]
acero (m)	pohon mapel	[pohon mapel]
abete (m)	pohon den	[pohon den]
pino (m)	pohon pinus	[pohon pinus]
larice (m)	pohon larch	[pohon lartʃ]
abete (m) bianco	pohon fir	[pohon fir]
cedro (m)	pohon aras	[pohon aras]
pioppo (m)	pohon poplar	[pohon poplar]
sorbo (m)	pohon rowan	[pohon rowan]
salice (m)	pohon dedalu	[pohon dedalu]
alno (m)	pohon alder	[pohon alder]
faggio (m)	pohon nothofagus	[pohon nothofagus]
olmo (m)	pohon elm	[pohon elm]
frassino (m)	pohon abu	[pohon abu]
castagno (m)	kastanye	[kastanje]
magnolia (f)	magnolia	[magnolia]
palma (f)	palem	[palem]
cipresso (m)	pokok cipres	[pokoʔ sipres]
mangrovia (f)	bakau	[bakau]
baobab (m)	baobab	[baobab]
eucalipto (m)	kayu putih	[kaju putih]
sequoia (f)	sequoia	[sekuoia]

143. Arbusti

cespuglio (m)	rumpun	[rumpun]
arbusto (m)	semak	[semaʔ]

vite (f)	pohon anggur	[pohon aŋgur]
vigneto (m)	kebun anggur	[kebun aŋgur]
lampone (m)	pohon frambus	[pohon frambus]
ribes (m) nero	pohon blackcurrant	[pohon bleʔkaren]
ribes (m) rosso	pohon redcurrant	[pohon redkaren]
uva (f) spina	pohon arbei hijau	[pohon arbei hidʒʲau]
acacia (f)	pohon akasia	[pohon akasia]
crespino (m)	pohon barberis	[pohon barberis]
gelsomino (m)	melati	[melati]
ginepro (m)	pohon juniper	[pohon dʒʲuniper]
roseto (m)	pohon mawar	[pohon mawar]
rosa (f) canina	pohon mawar liar	[pohon mawar liar]

144. Frutti. Bacche

frutto (m)	buah	[buah]
frutti (m pl)	buah-buahan	[buah-buahan]
mela (f)	apel	[apel]
pera (f)	pir	[pir]
prugna (f)	plum	[plum]
fragola (f)	stroberi	[stroberi]
amarena (f)	buah ceri asam	[buah tʃeri asam]
ciliegia (f)	buah ceri manis	[buah tʃeri manis]
uva (f)	buah anggur	[buah aŋgur]
lampone (m)	buah frambus	[buah frambus]
ribes (m) nero	blackcurrant	[bleʔkaren]
ribes (m) rosso	redcurrant	[redkaren]
uva (f) spina	buah arbei hijau	[buah arbei hidʒʲau]
mirtillo (m) di palude	buah kranberi	[buah kranberi]
arancia (f)	jeruk manis	[dʒʲeruʔ manis]
mandarino (m)	jeruk mandarin	[dʒʲeruʔ mandarin]
ananas (m)	nanas	[nanas]
banana (f)	pisang	[pisaŋ]
dattero (m)	buah kurma	[buah kurma]
limone (m)	jeruk sitrun	[dʒʲeruʔ sitrun]
albicocca (f)	aprikot	[aprikot]
pesca (f)	persik	[persiʔ]
kiwi (m)	kiwi	[kiwi]
pompelmo (m)	jeruk Bali	[dʒʲeruʔ bali]
bacca (f)	buah beri	[buah bəri]
bacche (f pl)	buah-buah beri	[buah-buah bəri]
mirtillo (m) rosso	buah cowberry	[buah kowberi]
fragola (f) di bosco	stroberi liar	[stroberi liar]
mirtillo (m)	buah bilberi	[buah bilberi]

145. Fiori. Piante

fiore (m)	bunga	[buŋa]
mazzo (m) di fiori	buket	[buket]
rosa (f)	mawar	[mawar]
tulipano (m)	tulip	[tulip]
garofano (m)	bunga anyelir	[buŋa anjelir]
gladiolo (m)	bunga gladiol	[buŋa gladiol]
fiordaliso (m)	cornflower	[kornflawa]
campanella (f)	bunga lonceng biru	[buŋa lontʃeŋ biru]
soffione (m)	dandelion	[dandelion]
camomilla (f)	bunga margrit	[buŋa margrit]
aloe (m)	lidah buaya	[lidah buaja]
cactus (m)	kaktus	[kaktus]
ficus (m)	pohon ara	[pohon ara]
giglio (m)	bunga lili	[buŋa lili]
geranio (m)	geranium	[geranium]
giacinto (m)	bunga bakung lembayung	[buŋa bakuŋ lembajuŋ]
mimosa (f)	putri malu	[putri malu]
narciso (m)	bunga narsis	[buŋa narsis]
nasturzio (m)	bunga nasturtium	[buŋa nasturtium]
orchidea (f)	anggrek	[aŋgreʔ]
peonia (f)	bunga peoni	[buŋa peoni]
viola (f)	bunga violet	[buŋa violet]
viola (f) del pensiero	bunga pansy	[buŋa pansi]
nontiscordardimé (m)	bunga jangan-lupakan-daku	[buŋa dʒʲaŋan-lupakan-daku]
margherita (f)	bunga desi	[buŋa desi]
papavero (m)	bunga madat	[buŋa madat]
canapa (f)	rami	[rami]
menta (f)	mint	[min]
mughetto (m)	lili lembah	[lili lembah]
bucaneve (m)	bunga tetesan salju	[buŋa tetesan saldʒʲu]
ortica (f)	jelatang	[dʒʲelataŋ]
acetosa (f)	daun sorrel	[daun sorrel]
ninfea (f)	lili air	[lili air]
felce (f)	pakis	[pakis]
lichene (m)	lichen	[litʃen]
serra (f)	rumah kaca	[rumah katʃa]
prato (m) erboso	halaman berumput	[halaman bərumput]
aiuola (f)	bedeng bunga	[bedeŋ buŋa]
pianta (f)	tumbuhan	[tumbuhan]
erba (f)	rumput	[rumput]

filo (m) d'erba	sehelai rumput	[sehelaj rumput]
foglia (f)	daun	[daun]
petalo (m)	kelopak	[kelopaʔ]
stelo (m)	batang	[bataŋ]
tubero (m)	ubi	[ubi]
germoglio (m)	tunas	[tunas]
spina (f)	duri	[duri]
fiorire (vi)	berbunga	[bərbuŋa]
appassire (vi)	layu	[laju]
odore (m), profumo (m)	bau	[bau]
tagliare (~ i fiori)	memotong	[memotoŋ]
cogliere (vt)	memetik	[memetiʔ]

146. Cereali, granaglie

grano (m)	biji-bijian	[bidʒi-bidʒian]
cereali (m pl)	padi-padian	[padi-padian]
spiga (f)	bulir	[bulir]
frumento (m)	gandum	[gandum]
segale (f)	gandum hitam	[gandum hitam]
avena (f)	oat	[oat]
miglio (m)	jawawut	[dʒʲawawut]
orzo (m)	jelai	[dʒʲelaj]
mais (m)	jagung	[dʒʲaguŋ]
riso (m)	beras	[beras]
grano (m) saraceno	buckwheat	[bakvit]
pisello (m)	kacang polong	[katʃaŋ poloŋ]
fagiolo (m)	kacang buncis	[katʃaŋ buntʃis]
soia (f)	kacang kedelai	[katʃaŋ kedelaj]
lenticchie (f pl)	kacang lentil	[katʃaŋ lentil]
fave (f pl)	kacang-kacangan	[katʃaŋ-katʃaŋan]

PAESI. NAZIONALITÀ

147. Europa occidentale

Europa (f)	Eropa	[eropa]
Unione (f) Europea	Uni Eropa	[uni eropa]
Austria (f)	Austria	[austria]
Gran Bretagna (f)	Britania Raya	[britania raja]
Inghilterra (f)	Inggris	[iŋgris]
Belgio (m)	Belgia	[belgia]
Germania (f)	Jerman	[dʒjerman]
Paesi Bassi (m pl)	Belanda	[belanda]
Olanda (f)	Belanda	[belanda]
Grecia (f)	Yunani	[yunani]
Danimarca (f)	Denmark	[denmar˺]
Irlanda (f)	Irlandia	[irlandia]
Islanda (f)	Islandia	[islandia]
Spagna (f)	Spanyol	[spanjol]
Italia (f)	Italia	[italia]
Cipro (m)	Siprus	[siprus]
Malta (f)	Malta	[malta]
Norvegia (f)	Norwegia	[norwegia]
Portogallo (f)	Portugal	[portugal]
Finlandia (f)	Finlandia	[finlandia]
Francia (f)	Prancis	[prantʃis]
Svezia (f)	Swedia	[swedia]
Svizzera (f)	Swiss	[swiss]
Scozia (f)	Skotlandia	[skotlandia]
Vaticano (m)	Vatikan	[vatikan]
Liechtenstein (m)	Liechtenstein	[lajhtensteyn]
Lussemburgo (m)	Luksemburg	[luksemburg]
Monaco (m)	Monako	[monako]

148. Europa centrale e orientale

Albania (f)	Albania	[albania]
Bulgaria (f)	Bulgaria	[bulgaria]
Ungheria (f)	Hongaria	[hoŋaria]
Lettonia (f)	Latvia	[latvia]
Lituania (f)	Lituania	[lituania]
Polonia (f)	Polandia	[polandia]

Romania (f)	Romania	[romania]
Serbia (f)	Serbia	[serbia]
Slovacchia (f)	Slowakia	[slowakia]

Croazia (f)	Kroasia	[kroasia]
Repubblica (f) Ceca	Republik Ceko	[republiˀ tʃeko]
Estonia (f)	Estonia	[estonia]

Bosnia-Erzegovina (f)	Bosnia-Hercegovina	[bosnia-hersegovina]
Macedonia (f)	Makedonia	[makedonia]
Slovenia (f)	Slovenia	[slovenia]
Montenegro (m)	Montenegro	[montenegro]

149. Paesi dell'ex Unione Sovietica

| Azerbaigian (m) | Azerbaijan | [azerbajdʒʲan] |
| Armenia (f) | Armenia | [armenia] |

Bielorussia (f)	Belarusia	[belarusia]
Georgia (f)	Georgia	[dʒordʒia]
Kazakistan (m)	Kazakistan	[kazakstan]
Kirghizistan (m)	Kirgizia	[kirgizia]
Moldavia (f)	Moldova	[moldova]

| Russia (f) | Rusia | [rusia] |
| Ucraina (f) | Ukraina | [ukrajna] |

Tagikistan (m)	Tajikistan	[tadʒikistan]
Turkmenistan (m)	Turkmenistan	[turkmenistan]
Uzbekistan (m)	Uzbekistan	[uzbekistan]

150. Asia

Asia (f)	Asia	[asia]
Vietnam (m)	Vietnam	[vjetnam]
India (f)	India	[india]
Israele (m)	Israel	[israel]

Cina (f)	Tiongkok	[tjoŋkoˀ]
Libano (m)	Lebanon	[lebanon]
Mongolia (f)	Mongolia	[moŋolia]

| Malesia (f) | Malaysia | [malajsia] |
| Pakistan (m) | Pakistan | [pakistan] |

Arabia Saudita (f)	Arab Saudi	[arab saudi]
Tailandia (f)	Thailand	[tajland]
Taiwan (m)	Taiwan	[tajwan]
Turchia (f)	Turki	[turki]
Giappone (m)	Jepang	[dʒʲepaŋ]
Afghanistan (m)	Afghanistan	[afganistan]
Bangladesh (m)	Bangladesh	[baŋladeʃ]

Indonesia (f)	**Indonesia**	[indonesia]
Giordania (f)	**Yordania**	[yordania]
Iraq (m)	**Irak**	[ira']
Iran (m)	**Iran**	[iran]
Cambogia (f)	**Kamboja**	[kambodʒia]
Kuwait (m)	**Kuwait**	[kuweyt]
Laos (m)	**Laos**	[laos]
Birmania (f)	**Myanmar**	[myanmar]
Nepal (m)	**Nepal**	[nepal]
Emirati (m pl) Arabi	**Uni Emirat Arab**	[uni emirat arab]
Siria (f)	**Suriah**	[suriah]
Palestina (f)	**Palestina**	[palestina]
Corea (f) del Sud	**Korea Selatan**	[korea selatan]
Corea (f) del Nord	**Korea Utara**	[korea utara]

151. America del Nord

Stati (m pl) Uniti d'America	**Amerika Serikat**	[amerika serikat]
Canada (m)	**Kanada**	[kanada]
Messico (m)	**Meksiko**	[meksiko]

152. America centrale e America del Sud

Argentina (f)	**Argentina**	[argentina]
Brasile (m)	**Brasil**	[brasil]
Colombia (f)	**Kolombia**	[kolombia]
Cuba (f)	**Kuba**	[kuba]
Cile (m)	**Chili**	[tʃili]
Bolivia (f)	**Bolivia**	[bolivia]
Venezuela (f)	**Venezuela**	[venezuela]
Paraguay (m)	**Paraguay**	[paraguaj]
Perù (m)	**Peru**	[peru]
Suriname (m)	**Suriname**	[suriname]
Uruguay (m)	**Uruguay**	[uruguaj]
Ecuador (m)	**Ekuador**	[ekuador]
Le Bahamas	**Kepulauan Bahama**	[kepulauan bahama]
Haiti (m)	**Haiti**	[haiti]
Repubblica (f) Dominicana	**Republik Dominika**	[republi' dominika]
Panama (m)	**Panama**	[panama]
Giamaica (f)	**Jamaika**	[dʒiamajka]

153. Africa

Egitto (m)	**Mesir**	[mesir]
Marocco (m)	**Maroko**	[maroko]

Tunisia (f)	**Tunisia**	[tunisia]
Ghana (m)	**Ghana**	[gana]
Zanzibar	**Zanzibar**	[zanzibar]
Kenya (m)	**Kenya**	[kenia]
Libia (f)	**Libia**	[libia]
Madagascar (m)	**Madagaskar**	[madagaskar]
Namibia (f)	**Namibia**	[namibia]
Senegal (m)	**Senegal**	[senegal]
Tanzania (f)	**Tanzania**	[tanzania]
Repubblica (f) Sudafricana	**Afrika Selatan**	[afrika selatan]

154. Australia. Oceania

Australia (f)	**Australia**	[australia]
Nuova Zelanda (f)	**Selandia Baru**	[selandia baru]
Tasmania (f)	**Tasmania**	[tasmania]
Polinesia (f) Francese	**Polinesia Prancis**	[polinesia prantʃis]

155. Città

L'Aia	**Den Hague**	[den hag]
Amburgo	**Hamburg**	[hamburg]
Amsterdam	**Amsterdam**	[amsterdam]
Ankara	**Ankara**	[ankara]
Atene	**Athena**	[atena]
L'Avana	**Havana**	[havana]
Baghdad	**Bagdad**	[bagdad]
Bangkok	**Bangkok**	[baŋkoʔ]
Barcellona	**Barcelona**	[bartʃelona]
Beirut	**Beirut**	[beyrut]
Berlino	**Berlin**	[berlin]
Bombay, Mumbai	**Mumbai**	[mumbaj]
Bonn	**Bonn**	[bonn]
Bordeaux	**Bordeaux**	[bordo]
Bratislava	**Bratislava**	[bratislava]
Bruxelles	**Brussel**	[brusel]
Bucarest	**Bukares**	[bukares]
Budapest	**Budapest**	[budapest]
Il Cairo	**Kairo**	[kajro]
Calcutta	**Kolkata**	[kolkata]
Chicago	**Chicago**	[tʃikago]
Città del Messico	**Meksiko**	[meksiko]
Copenaghen	**Kopenhagen**	[kopenhagen]
Dar es Salaam	**Darussalam**	[darussalam]
Delhi	**Delhi**	[delhi]
Dubai	**Dubai**	[dubaj]

Italiano	Indonesiano	Pronuncia
Dublino	Dublin	[dublin]
Düsseldorf	Düsseldorf	[dyuseldorf]
Firenze	Firenze	[firenze]
Francoforte	Frankfurt	[frankfurt]
Gerusalemme	Yerusalem	[erusalem]
Ginevra	Jenewa	[dʒʲenewa]
Hanoi	Hanoi	[hanoi]
Helsinki	Helsinki	[helsinki]
Hiroshima	Hiroshima	[hiroʃima]
Hong Kong	Hong Kong	[hoŋ koŋ]
Istanbul	Istambul	[istambul]
Kiev	Kiev	[kiev]
Kuala Lumpur	Kuala Lumpur	[kuala lumpur]
Lione	Lyons	[lion]
Lisbona	Lisbon	[lisbon]
Londra	London	[london]
Los Angeles	Los Angeles	[los enzheles]
Madrid	Madrid	[madrid]
Marsiglia	Marseille	[marseille]
Miami	Miami	[miami]
Monaco di Baviera	Munich	[munitʃ]
Montreal	Montréal	[montreal]
Mosca	Moskow	[moskow]
Nairobi	Nairobi	[najrobi]
Napoli	Napoli	[napoli]
New York	New York	[nju yorʔ]
Nizza	Nice	[nitʃe]
Oslo	Oslo	[oslo]
Ottawa	Ottawa	[ottawa]
Parigi	Paris	[paris]
Pechino	Beijing	[beydʒiŋ]
Praga	Praha	[praha]
Rio de Janeiro	Rio de Janeiro	[rio de dʒʲaneyro]
Roma	Roma	[roma]
San Pietroburgo	Saint Petersburg	[sajnt petersburg]
Seoul	Seoul	[seoul]
Shanghai	Shanghai	[ʃanhaj]
Sidney	Sydney	[sidni]
Singapore	Singapura	[siŋapura]
Stoccolma	Stockholm	[stokholm]
Taipei	Taipei	[tajpey]
Tokio	Tokyo	[tokio]
Toronto	Toronto	[toronto]
Varsavia	Warsawa	[warsawa]
Venezia	Venesia	[venesia]
Vienna	Wina	[wina]
Washington	Washington	[waʃiŋton]

www.ingramcontent.com/pod-product-compliance
Lightning Source LLC
Chambersburg PA
CBHW070600050426
42450CB00011B/2926